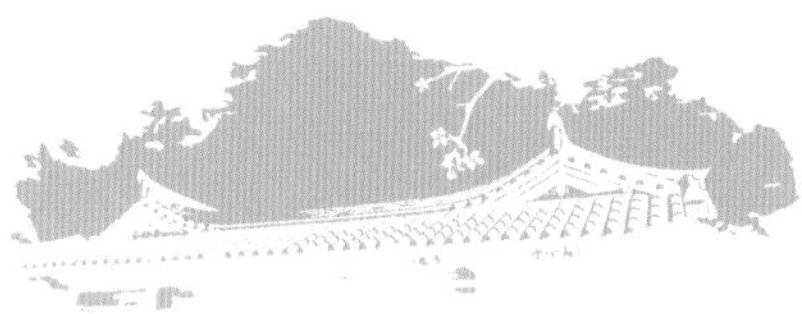

원파에 깃든
충·효·학의 선비정신,

영덕
난고 남경훈
종가

기획 경상북도 · 경북대학교 영남문화연구원 | **지은이** 이창기

경북의 종가문화 연구진

연구책임자	정우락(경북대 국어국문학과)
공동연구원	황위주(경북대 한문학과)
	조재모(경북대 건축학부)
종가선정위원장	황위주(경북대 한문학과)
종가선정위원	이수환(영남대 역사학과)
	홍원식(계명대 철학윤리학과)
	정명섭(경북대 건축학부)
	배영동(안동대 민속학과)
	이세동(경북대 중어중문학과)
종가연구팀	김위경(영남문화연구원 연구원)
	이상민(영남문화연구원 연구원)
	이재현(영남문화연구원 연구원)
	최은주(영남문화연구원 연구원)
	황명환(영남문화연구원 연구보조원)
	전설련(영남문화연구원 연구보조원)

축 · 간 · 사

경상북도에서 『**경북의 종가문화**』 **시리즈** 발간사업을 시작한 지 벌써 9년째가 되었습니다. 본 사업은 더 늦기 전에 지역의 종가문화를 기록으로 남겨 후세에 전해야 한다는 절박함에서 비롯되었고, 그간 많은 분들의 노고에 힘입어 어느새 51권의 책자가 발간되었습니다. 이러한 결실이 우리 지역을 알리는 문화자산으로 자리 잡아 가고 있어 300만 도민의 한 사람으로서 무척 보람되게 생각합니다.

경북은 한국 전통문화를 집적해 온 중심으로, 앞으로의 미래 정신문화를 선도할 정점에 자리 잡고 있습니다. 특히 옛것의 가치를 소중히 하는 전통문화의 중심에는 경북의 종가宗家가 있습니다. 우리 도에는 240여 개소에 달하는 종가가 고유의 문화를 온전히 지켜 오고 있어 우리나라 종가문화의 보고寶庫라고 해도 과언이 아닙니다.

하지만 최근 산업화와 종손·종부의 고령화 등으로 인해 종가문화는 급격히 훼손·소멸되고 있는 실정입니다. 이에 경상북도에서는 종가문화를 보존·활용하고 발전적으로 계승하기 위해 2009년부터 '**종가문화 명품화 사업**'을 추진해 오고 있습니다. 체계적인 학술조사 및 연구를 통해 관련 인프라를 구축하고, 명품 브랜드화하는 등 향후 발전 가능성을 모색하기 위해 다방면으로 노력하고 있습니다.

경북대학교 영남문화연구원을 통해 2010년부터 추진하고 있는 『경북의 종가문화』 시리즈 발간도 이러한 사업의 일환입니다. 도내 종가를 대상으로 현재까지 『경북의 종가문화』 시리즈 51권을 발간하였으며, 결과물은 관계 문중은 물론 일반인들로부터 큰 호응을 얻고 있습니다. 이들 시리즈는 종가의 입지조건과 형성과정, 역사, 종가의 의례 및 생활문화, 건축문화, 종손과 종부의 일상과 가풍의 전승 등을 토대로 하여 일반인들이 쉽고 재미있게 읽을 수 있는 교양서 형태의 책자 및 영상물(DVD)로 제작되었습니다. 철저한 현장조사를 바탕으로 하여 관련 분야 전문가들이 집필함으로써 알차게 내용을 꾸미는 한편, 개별 종가의 특징을 부각시키고자 노력하였습니다.

이러한 노력으로, 금년에는 『**영주 금계 황준량 종가**』, 『**안동 간재 이덕홍 종가**』, 『**상주 검간 조정 종가**』, 『**영덕 난고 남경훈 종가**』, 『**구미 용와 류승현 종가**』 등 5곳의 종가를 대상으로 시리즈 5권을 발간하게 되었습니다. 비록 시간과 예산상의 제약으로 말미암아 몇몇 종가에 한정하여 진행하고 있으나, 앞으로 도내 100개 종가를 목표로 연차 추진해 나갈 계획입니다. 이러한 시도는 종가 관련 자료의 기록화를 통해 종가문화 보존 및 활용을 위한 기초자료를 제공함은 물론, 일반인들에게 우리 전통문화의 소중함과 우수성을 알리는 데 크게 도움이 될 것으로 확신합니다.

한국의 종가는 수백 년에 걸쳐 지역 사회의 구심점이자 한국 전통문화의 상징으로서 역할을 묵묵히 수행해 왔습니다. 최근 유교적 가치와 문화에 대한 재조명이 활발히 이루어지고 있으며, 그 바탕에는 급격한 사회의 변화 속에서도 굳건하게 전통문화를 지켜 온 종문宗門의 숨은 저력이 있습니다. 이러한 전통을 이어받아 오늘날 경북의 정체성 확립은 물론, 미래지향적인 새로운 정신을 찾아 세계적인 정신문화로의 발전을 기대해 봅니다.

앞으로 경상북도에서는 종가문화에 대한 지속적인 조사·연구 추진과 더불어, 종가의 보존관리 및 활용방안을 모색하는 데 적극 노력해 나갈 것을 약속드립니다. 이를 통해 전통문화를 소중히 지켜 오신 종손·종부님들의 자긍심을 고취시키고, 나아가 전국의 종가를 연계하는 종가문화 네트워크 구축과 더불어 종가문화를 세계적인 명품 브랜드로 육성해 나갈 계획입니다.

끝으로 이 사업을 위해 애쓰신 정우락 경북대학교 영남문화연구원장님과 여러 연구원 여러분, 그리고 집필자 분들의 노고에 진심으로 감사드립니다. 아울러, 각별한 관심을 갖고 적극적으로 협조해 주신 종손·종부님께도 감사의 말씀을 드립니다.

2018년 11월

경상북도지사 이 철 우

지·은·이·의 말

1970년 여름이었다. 7월 하순의 폭염 속에 난생 처음으로 영해를 방문할 기회가 있었다. 대학 2학년 재학 중이었던 나는 은사인 고 최재석崔在錫 교수를 모시고 『남종통기南宗通記』라는 귀중한 자료를 찾아 나섰다. 당시 동해안 7번 국도는 포장이 되기 전이라 대구에서 영해까지 5시간도 더 걸렸던 것으로 기억한다. 영해에서 1박 하고 이튿날 영양행 버스를 타고 원구마을을 찾았다. 마을에 들어서자 역사의 이끼를 머리에 이고 의젓하게 자리 잡은 고택이 우리를 맞아 주었다. 이 댁이 조선 선비의 전형을 보여 주는 난고蘭皐 남경훈南慶薰 선생의 후손들이 대를 이어 살아온 난고종택蘭皐宗宅이라는 사실을 나중에야 알게 되었다. 전화가 귀하던 시절이라 미리 통지를 드리지도 못하고 불쑥 찾아가서 주인장을 뵈올 수 있을지 걱정이 적지 않았는데, 마침 마당에서 정원을 돌보고 계시던 주인장을 뵈올 수 있었다. 난고 선생의 15대 종손 남응시南應時 선생이셨다. 생면부지의 내객이 불쑥 찾아왔는데도 격의 없이 반갑게 맞아 주셨다. 늘씬한 몸매에 도량이 넓은 선비의 풍모를 지니신 분이었다.

그러나 아뿔싸! 『남종통기』를 보고 싶어 찾아왔다는 방문 목적을 말씀드리자 그 책은 대구에 있는 자제분이 보관하고 있다지 않는가. 변변히 인사도 드리지 못하고 발길을 돌릴 수밖에 없었다. 영해로 되돌아가는 버스를 몇 시간이나 기다릴 수 없어 2km가 넘는 비포장 먼짓길을 팥죽 같은 땀을 흘리며 걸어 나오는데 그 길이 얼마나 멀게 느껴졌는지 모른다. 그날로 대구에 와서 차종손(남석규南錫圭)을 만나 『남종통기』를 빌려 복사한 후 돌려드렸다.

당시 한국 가족제도사에 관한 연구를 막 시작하던 최재석 교수는 『남종통기』가 귀중한 연구 자료가 되리란 점을 간파하고 계셨겠지만 학문 연구가 어떤 것인지 미처 몰랐던 나는 『남종통기』의 자료적 가치를 제대로 파악하지 못하고 있었다. 그러나 국학 자료에 무지한 나의 눈에도 「보중취동성변문譜中娶同姓辨文」이란 글이 범상치 않아 보여 그 부분만 따로 복사해 두었다. 이는 훗날 내가 한국 가족제도에 관심을 가지고 공부하면서 조선시대 가족제도의 변화를 강의할 때마다 '동성취녀同姓娶女는 고려 이래로 우리 사회의 오랜 습속'이라는 글의 내용을 학생들에게 전하는 귀중한 전거가 되었다. 오랜 세월이 흘러 누렇게 빛이 바랬지만 이 복사물은 지금도 내 강의노트 속에 소중한 보물처럼 자리를 지키고 있다. 50년 가까운 세월이 흐른 오래전 이야기지만 원구마을의 영양남씨 난고종가와 나의 인연은 이렇게 시작되었다. 이후 내가 학업을 마치고 여러 지방을 거쳐 대구에 정착할 때까지 나는 영해를 까맣게 잊고 살았다.

내가 다시 영해를 찾게 된 것은 대구에 둥지를 튼 지도 한참이나 세월이 흐른 2000년에 이르러서였다. 한국학술진흥재단의 지원을 받아 동해안의 어촌과 반촌 주민들의 생활상을 연구하는 공동연구의 책임을 맡아 영해 지역을 다시 찾게 된 것이다. 어촌 연구에 이어 반촌 연구를 진행하면서 영해 지역의 대표적인 반촌 중 하나인 원구마을은 우리 연구의 중요한 연구 대상이 되었고, 한국의 전통 가족제도와 문중 조직에 관심이 많았던 나는 원구마을에 500년 이상 세거해 온 영양남씨 난고종가와 난고 남경훈이란 큰 인물을 다시 만나게 되었다. 『남종통기』를 찾아 떠났던 오래전의 인연이 반세기 가까운 세월을 뛰어넘어 다시 깊은 인연으로 맺어지게 된 것이다.

동해안의 한적한 벽촌에서 나고 자란 남경훈은 조선 선비의 한 전형을 보여 준다. 그는 학문의 폭과 깊이가 범상치 않았지만 환로에 나아가 입신양명하는 길을 마다하고 초야에 묻혀 오로지 학문 연찬과 후학 양성에 전념하는 처사의 길을 걸었다. 그의 문하에서 학문을 익힌 많은 제자들이 말 타고 활 쏘는 무향武鄕 영해寧海를 책 읽고 글 쓰는 문향文鄕, 예향禮鄕으로 탈바꿈하는 데 크게 기여하였으며, 예禮와 의義를 중시하는 그의 학문 세계는 『사례해의四禮解義』 2책으로 남아 후학들의 귀감이 되고 있다.

남경훈은 나라가 위기에 봉착했을 때는 일신과 가문의 안위를 생각하지 않고 구국일념으로 한 몸을 불사르는 의기를 보여 주었다. 임진왜란을 맞아 의병을 일으켜 결사토적決死討賊의 결의를 다지는 회맹會盟에 여덟 차례나 참여하고 부친과 함께 수많은 전투에 참전하여 나라를 구하는 일에 앞장섰다. 옳은 일이라면 주저함 없이 과감하게 실천하여 의리義理와 명분名分을 생명으로 삼는 참선비의 모습이 어떠한 것인지 행동으로 가르쳐 주었다. '행동하는 지성'의 살아 있는 표본이라 할 만하다.

부친 남의록南義錄이 수령의 학정을 탄핵하다가 억울하게 옥살이를 하게 되었을 때에는 순찰사에게 간청하여 엄동설한에 아버지를 대신하여 옥살이를 하고, 그로 인하여 병을 얻어 젊은 나이에 아버지보다 8년이나 앞서 세상을 떠나야 했다. 단지수혈斷指輸血의 효행은 흔히 듣는 이야기지만 어버이를 대신하여 목숨을 바친 이 지극한 효성은 많은 사람들의 눈시울을 뜨겁게 한다. 나라에 충성하고, 부모에 효도하고, 학문을 깊이 갈고 닦은 참스승이라 칭송하기에 부족함이 없다.

난고 남경훈의 이러한 충忠·효孝·학學의 정신은 당대에만 그치지 않고 후손들에게 가학家學으로 이어져 많은 인재를 배출하였다. 난고 이후 9대손에 이르기까지 한 대도 거르지 않고 과거급제자가 배출되어 문과文科 8명, 생원生員 13명, 진사進士 7명 등 도합 28명이 각종 과거에 급제하였고, 50여 명이 150여 책의 저술을 남겼다. 문과급제자 한 명도 가문의 영광이라 하는데 하물며 여덟 명이나, 그것도 종가 8촌 이내의 당내堂內에서 이토록 많은 인재를 배출하였으니 가히 청전세가靑氈世家라 찬탄하지 않을 수 없다.

난고종가는 또한 많은 문화유산을 소장하여 전통문화를 보존하고 후세에 전하는 데 크게 기여하고 있다. 조선 중기 양반가의 주거양식을 잘 보여 주는 종택은 국가민속문화재 제271호로 지정되었으며, 『남종통기南宗通記』 2책과 12점의 고문서는 경상북도유형문화재 제148호로 지정되었다. 2016년에는 역대 종손들의 글을 모은 『영산가학英山家學』이 경상북도문화재자료 제648호로 등록되었다. 종가에서는 수많은 소장품을 길이 보전하기 위하여 고서와 고문서 등 총 2,770점을 한국국학진흥원에 일괄 기탁하였다. 이처럼 난고종가는 우리나라 전통문화를 보존하고 전승하는 문화보고로서의 역할을 충실히 수행하고 있다.

난고종가는 분문조分門祖 남의록 이후 약 500년 동안 적장자嫡長子로 종가의 가계를 이어 오면서 종손이 잠시도 종택을 비우지 않고 꾸준히 그 자리를 지켜 오고 있다. 굴곡이 심하고 거친 물결이 스쳐간 역사의 소용돌이 속에서 한 가문의 전통과 문화적 자산을 오롯이 지켜올 수 있었던 것은 수많은 난관을 극복하고 숭조보종崇祖補宗의 무거운 짐을 묵묵히 감내해 온 역대 종손과 종부들의 헌신적 삶이 크게 기여하였을 것으로 본다. 이러한 종손, 종부의 헌신적 삶에 경의를 표하지 않을 수 없다.

경북대학교 영남문화연구원으로부터 난고종가에 대해서 글을 써 달라는 원고 청탁을 받고 나의 능력이 기대에 부응할 수 있을지 염려되어 망설이지 않을 수 없었지만 이 집안과의 오랜 인연을 생각하면 사양하는 것이 예의가 아니라는 생각이 들어 청탁을 수락하기로 하였다. 그러나 '쉽고 재미있게, 그리고 알차게' 써 달라는 기획자의 집필 지침은 큰 부담이 되었다. 원래 글재주가 빈약한 데다 문文·사史·철哲의 여러 영역에 대한 지식이 턱없이 부족한 나에게는 너무 벅찬 과제였다. 고심하고 고심하여 지침에 다가가고자 하였지만 결과는 역시 쉽지도 않고, 재미있지도 않고, 더구나 알차지도 않은 글이 되지 않았을까 걱정이 된다.

한 인물이나 한 가문의 역사적 과정을 더듬는 글에는 많은 자료가 뒷받침되어야 한다. 일차적으로는 원전이나 현장의 자료가 중요한 소재가 될 것이지만 원전이나 현장에 접근하기가 쉽지 않을 때는 앞서 연구한 이들이 남긴 이차적 자료가 집필에 큰 도움이 된다. 이 글도 남경훈이란 인물과 그와 관련된 역사적 사건들에 관하여 기술한 여러 분들의 논저에 크게 도움을 받았다. 남경훈과 그 후손들에 관한 서술은 남경훈의 12대손인 남훈南渾이 편저한 『난고남경훈선생蘭皐南慶薰先生』과 한국국학진흥원에서 출간한 국역 『영산가학』에 크게 의존하였다. 임란 의병활동과 관련해서는 임진란정신문화선양회가 2015년에 개최한 임진란학술대회의 자료집 『영천지역의 임진란사 연구』와 『경주지역의 임진란사 연구』를 많이 참고하였다. 그리고 난고문중의 소장 문화재에 대해서는 한국국학진흥원 유교문화박물관에서 발간한 제11회 기탁문중특별전 도록 『원파의 난향, 언제나 고요하니』에서 많은 도움을 받았다. 그러나 이 글이 순수한 학술 연구 논저가 아니라 일반 독자를 대상으로 한 교양서의 성격을 지니고 있어서 각주를 달지 않는 것을 원칙으로 한다는 방침에 따라 일일이 인용을 밝히지 않았다. 이 점은 독자 여러분들께서 넓은 마음으로 헤아려 주시기를 바라며, 원저자들의 노고에 깊은 감사를 드린다.

오랜 기간 난고종가를 드나들며 양대에 걸친 종손으로부터 큰 은혜를 입었다. 선대 종손 고 남응시 옹은 반촌 연구를 진행하는 동안 수시로 찾아뵙고 많은 도움을 받았는데, 연구가 마무리되기도 전에 세상을 떠나서 연구보고서 『동해안지역 반촌의 사회구조와 문화』를 빈소의 영전에 바칠 수밖에 없었던 안타까움이 있다. 이 자리를 빌려 선생님의 명복을 빈다. 선대 종손이 세상을 떠난 이후에는 도시생활을 접고 고향에 돌아와 종택을 지키고 있는 현 종손(남석규)이 물심양면으로 크게 도와주셨다. 변함없는 사랑과 지속적인 도움을 주신 데 대해 깊이 감사드린다.

난고문중이 소장하고 있는 전적들 중에는 학술적으로 상당한 무게를 가진 자료들이 다수 포함되어 있는 것으로 보인다. 한문으로 작성된 이 전적들을 현대어로 번역하여 많은 사람들이 쉽게 접근할 수 있도록 하고, 그 하나하나를 전문가들이 구체적으로 연구·분석한다면, 한 가문의 영광을 넘어서서 한국문화의 발전에 크게 기여할 수 있을 것이라 생각한다. 어려운 여건 속에서도 최근에 『영산가학英山家學』을 국역하여 출판한 것은 매우 값진 결실이며, 이것이 우리 사회의 소중한 문화적 자산으로 길이 남게 될 것이라 믿는다. 앞으로 난고의 주저인 『사례해의四禮解義』를 비롯해서 『남종통기南宗通記』, 『곤범세기壼範世紀』 등도 한글로 번역되고, 전문가들의 후속 연구가 이어지기를 기대한다.

2018년 11월

백자산栢紫山 학림재鶴林齋에서

저자 이창기李昌基 쓰다

영덕 난고 남경훈 종가

목 차

제 1 장

영해와 영덕, 그리고 원구마을 영양남씨

영해와 영덕, 그리고
원구마을 영양남씨

1 영해 지역의 역사문화적 배경

의리義理와 명분名分을 중시하고 거경궁리居敬窮理와 수기치인修己治人을 학문의 요체로 삼았던 조선시대 선비들은 세속적 가치를 멀리하고 자연과 더불어 천리天理를 따르는 삶을 살고자 하였다. 이러한 삶의 가치를 소중하게 간직한 선비들은 그들의 주거지를 선택할 때에도 속세의 번다함을 벗어나서 학문 연찬에 매진하기 좋은 입지를 찾아 자리를 잡곤 하였다. 시끄럽고 복잡한 성내에서 멀리 떨어진 곳에 배산임수背山臨水하고 좌청룡左青龍 우백호右白虎가 포근히 감싸 주는 길지를 점지하여 세세손손 맑고 청아한 삶이 이어지기를 소망하였다. 양반들이 오랫동안 세거한 반촌들이 대개 읍성이나 시장, 포구를 피해 내륙 깊숙한 곳에서

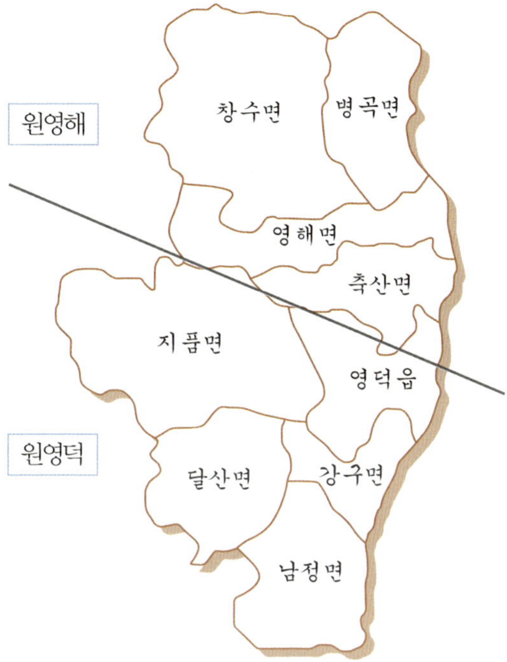

원영덕과 원영해

발달하게 된 연유가 여기에 있다.

영해고을은 한반도 동남부의 동해안 연안에 자리 잡은 해읍海邑이다. 거친 바다로부터 생존자원을 거두어들이는 어촌이 해안을 따라 분포해 있고, 강구항, 축산항, 대진항 등의 포구가 동해안 어업활동의 중요한 전진기지가 되고 있다. 어로활동을 높게 평가하지 않았던 전통사회에서 이러한 지역은 양반들의 세거지로서 선호되기 어려운 여건을 지니고 있다. 그럼에도 영해고을은 예로부터 '소안동小安東'이라 불릴 만큼 유학이 발달하여 많은 인재를 배출하였고, 문향文鄕, 예향禮鄕으로 명망이 높았으며, 동해바다와 영해평야로부터 거두어들이는 풍부한 물산을 바탕으로 곳곳에 집성촌을 형성하여 골골이 유수한 반촌을 발전시켰다.

영해 지역은 경상북도 영덕군의 일부를 이루고 있는 영해면, 축산면, 창수면, 병곡면 일원이다. 오늘날 영덕군은 1읍 8면으로 구성되어 행정적으로 하나의 자치단위를 이루고 있으나, 영덕읍을 중심으로 강구면, 남정면, 달산면, 지품면이 하나의 생활권을 이루고(주민들은 이 지역을 원영덕元盈德이라 부른다), 영해면을 중심으로 축산면, 창수면, 병곡면이 또 하나의 생활권을 이루는(주민들은 이 지역을 원영해元寧海라 부른다) 등 두 개의 권역으로 나누어져 있다. 이는 영덕 지역과 영해 지역 사이에 해발 510m의 국사봉 줄기가 가로놓여 두 지역을 지리적으로 갈라놓았기 때문이기도 하지만, 역사적으로 통합과 분리를 거듭하여 사회문화적으로도 상당한 차이를 보이고 있기 때문이다.

영덕군은 태백산에서 남으로 흐르는 낙동정맥이 영양군, 청송군과 경계를 이루어 서고동저의 지형을 형성하고, 북쪽으로는 칠보산(810m), 등운산(767m) 자락이 울진군과, 남쪽으로는 동대산(791m), 내연산(710m)이 포항시와 경계를 이루고 있다. 군내에도 낙동정맥에서 동으로 뻗은 크고 작은 산줄기들이 산재하여 산지가 많고, 해안은 단조롭지만 경사가 심하여 곳곳이 가파른 절벽을 이루고 있다.

이러한 지형하에서는 긴 강과 하천이 발달하기 어렵지만 등운산과 울치에서 발원하여 창수면과 영해면을 가로지르는 송천과, 달산면, 지품면, 영덕읍, 강구면을 관통하는 오십천이 비교적 넓은 평야지대를 형성하여 이 지역의 문화를 발전시키는 경제력의 원천이 되었다.

영해 지역은 삼한시대에 우시국于尸國이란 소국이 터전을 일구었던 지역으로 알려져 있으나 서라벌(경주 지역)을 중심으로 성장한 사로국(신라)이 세력을 확장함에 따라 신라에 복속되어 우시군으로 불리다가 통일신라시대인 757년(경덕왕 16)에 지방제도를 정비하고 종래의 토착식 지명을 한자식으로 바꿀 때 유린군有隣郡으로 고쳐 부르게 되었다. 이 지역은 한때 고구려의 세력권에 편입되기도 하였으나 그 기간이 그렇게 길지는 않았던 것으로 보인다.

고려 초 중앙집권적인 행정체제를 구축하기 위하여 지방행정제도를 개편하면서(940, 태조 23) 유린군은 주州로 승격되어 예주禮州라 고쳐 부르게 되었고, 1018년(현종 9)에는 방어사를 파견하여 동해안 일대를 방어하는 중요한 역할을 담당하도록 하였다. 이때 예주방어사가 관할하는 지역은 영덕군盈德郡, 보성부甫城府(지금의 청송군 일부 지역), 영양군英陽郡, 평해군平海郡, 청부현青鳧縣(지금의 청송군 일부 지역), 송생현松生縣(지금의 청송군 일부 지역) 등 1부, 3군, 2현에 걸쳐 있어서 오늘날의 영덕군 지역뿐만 아니라 영양군, 청송군, 울진군의 일부 지역에 이르는 넓은 지역을 포괄하고 있었다. 이로써 영해 지역은 동해안 일대의 행정·문화·경제·군사 중심지가 되었다. 고려 초에 예주라 불리던 영해 지역은 1259년(고종 46)에 위사공신衛社功臣 박송비朴松庇(?-1278)의 고향이라 하여 덕원소도호부德元小都護府로 승격되었으며, 1310년(충선왕 2)에 여러 지방의 행정구역을 정비하면서 영해부寧海府로 개편되어 부사영府使營을 두게 되었다. 영해는 붉은 해가 처음 떠오르는 곳이라 하여 단양丹陽이란 별칭으로 부르기도 하였다.

조선시대에 들어와서 전국을 8도로 나누고 그 아래에 부府, 대도호부大都護府, 목牧, 도호부都護府, 군郡, 현縣을 두도록 지방 행정구역을 개편할 때(1413, 태종 13) 영해는 도호부로서 종3품의 도호부사가 파견되어 인근의 여러 지역을 관할하였다. 그러나 주현主縣을 정비하고 속현屬縣과 부곡部曲을 대대적으로 주현화함에 따라 영덕현, 진보현, 청송군, 평해군 등이 독립해 나갔다. 『세종실록지리지』(1432)의 영해도호부 조에는 영양현과 청기현이 속현으로, 석보石保와 수비首比가 임내 부곡으로 남게 되었다고 기록되어 있다. 조선 초기의 이러한 체제는 17세기 이후 영양현과 청기현이 영해부로부터 점차 분리되어 나가는 등 다소 변화는 있었지만 대체로 조선 말기까지 그대로 지속되다가 1895년 행정구역 개편 시에 영해부와 영덕현은 각각 영해군과 영덕군으로 독립되었다. 그러나 1914년 일제에 의해서 행정구역이 다시 개편될 때 영해는 면으로 강등되어 영덕군에 편입되었다.

한편 영덕 지역(원영덕)은 삼한시대에 야시홀也尸忽이란 소국이 자리 잡고 있었다고 하는데, 신라가 강성함에 따라 영해 지역과 함께 신라에 복속되어 야시홀군이 되었다가 757년(경덕왕 16)에 야성군野城郡으로 고쳐 부르게 되었다. 이 지역도 한때 고구려의 변방으로 편입되기도 하였다.

고려조에 들어와서 유린군이 예주로 개편될 때(940, 태조 23) 야성군도 영덕군으로 군명을 고치게 되었으나, 1018년(현종 9) 예주 방어사의 관할 구역이 되면서 영덕군은 관장官長이 파견되지 않는 예주의 속현이 되었다. 영덕군에 지방관을 둔 것은 이보다 훨씬 후의 일로서, 1106년(예종 1)에 감무監務를 파견하였고, 인종 대에는 현령을 두게 되었다.

고려 말과 조선 초에 걸쳐 왜구를 비롯한 외적의 침입이 빈번해지자 조선 조정에서는 종래의 도 단위 병마절제사兵馬節制使를 폐지하는 대신 도내에 2~4개의 진鎭을 설치하여 첨절제사僉節制使를 두고 좌우익에 해당하는 군현을 배속시켜 비상시에 첨절제사가 이들을 지휘하도록 하는 거진巨鎭 중심의 군사제도로 개편하였다. 이러한 방침에 따라 1397년(태조 6)에 영해부에 진을 설치하고 첨절제사(영해부사 겸임)를 두어 영덕현령과 청하현감을 좌우익으로 삼아 비상시 외적을 물리치도록 하였다. 영덕현령이 비상시에 첨절제사인 영해부사의 지휘를 받도록 한 것이다. 영덕현은 바닷가에 위치하고 있다 하여 1415년(태조 15)에 지군사知郡事를 두었다가 1466년(세조 12)에 다시 고쳐 현령을 두었다. 이러한 체제는 조선 말기까지 큰 변동 없이 지속되었다.

이와 같이 영해 지역은 고려시대 이래로 동해안을 방어하는 군사적 요충지로서 종3품의 도호부사都護府使가 오늘날의 영덕군 뿐만 아니라 청송, 영양, 울진 일부까지 포괄하는 넓은 지역을 관할하였다. 흔히 '궁마지향弓馬之鄕'으로 일컬어질 만큼 무향武鄕으로서 명성이 높았다. 그래서 고려 후기와 조선 초기에는 이 지역에서 무과급제자가 많이 배출되었고, 이 지역에 정착한 주요 가문의 입향조入鄕祖나 현조顯祖들 중에는 무관 출신이 많았다.

무를 숭상하던 영해 지역에도 일찍부터 유학이 전래되어 문풍을 진작시켰다. 영해도호부의 사록司錄으로 부임한 역동易東 우탁禹卓(1263-1342), 호지말의 함창김씨 가문에 장가든 가정稼亭 이곡李穀(1298-1351)과 목은牧隱 이색李穡(1328-1396) 부자, 공민왕의 세자 사부가 된 대흥백씨 득관조 담암淡庵 백문보白文寶(1303-1374), 영해에서 귀양살이를 한 양촌陽村 권근權近(1352-1409) 등이 고려말에 영해지역과 인연을 맺어 유학을 전파한 주요 인물들이다.

영해 지역의 문풍은 조선 중기 이후 퇴계의 학통을 이어받은 많은 유학자들이 학문에 진력하여 다수의 과거급제자를 배출함으로써 명성을 더욱 크게 떨치게 되었다. 퇴계의 학문을 영해 지역에 전수한 인물로는 퇴계의 제자인 유일재惟一齋 김언기金彦璣(1520-1588)를 들 수 있다. 그는 영해향교의 교수로 부임하여 백인국白仁國(1530-1613), 백현룡白見龍(1543-1622), 남의록南義祿(1551-1620), 박의장朴毅長(1555-1615) 등에게 유학을 전수하고 영해의 사족들을 퇴계 문하로 연결하는 통로를 마련하였다.

영해 지역의 유학은 17세기 중엽에 이르러 더욱 성숙된다. 이

시기에 영해 지방은 토착 성씨들이 점차 퇴조하고 재령이씨載寧李氏, 무안박씨務安朴氏, 영양남씨英陽南氏, 대흥백씨大興白氏, 안동권씨安東權氏 등 새로이 이주해 온 사족들이 영해평야와 동해안의 풍부한 물산을 바탕으로 강력한 사회경제적 기반을 구축하고, 영남학파의 일원으로 정치사회적 활동을 전개해 나갔다. 이들 가문은 안동권과 중첩적인 혼인관계를 맺는 동시에 향촌 내 여러 곳에 집성촌을 이루어 동해안 지역에서는 보기 드물게 유수한 반촌을 형성·발전시켰다. 이로부터 영해 지방을 '소안동小安東'이라 부르게 되었다. 이러한 역사적 과정과 문화적 배경이 영덕과 영해를 각기의 정체성을 지닌 독자적 생활 영역으로 의식하게 한 것으로 보인다.

오늘날도 영해 지역 주민들은 이 고장을 '원영덕'과 구별하여 '원영해'라 부르고 있으며, 예향, 문향, 양반고을로서의 긍지를 지니고 있다. 군청, 경찰서, 법원, 농협 등의 관공서가 영덕읍에 소재하고 있음에도 불구하고 행정업무 이외에는 영덕읍에 크게 의존하지 않고 영해면 소재지인 성내리를 중심으로 독자적인 생활권을 이루어 사회경제적인 삶을 영위하고 있다.

2 원구마을의 지리적 입지와 사회적 특성

영해면 소재지에서 영양 방면으로 뻗은 918번 지방도로를 따라 2km쯤 달려가면 왼쪽에 아름드리 느티나무가 작은 숲을 이루고 있는 마을공원이 나타나고 그 뒤쪽으로 여인네의 풍만한 젖가슴처럼 봉긋이 솟은 중구봉(구봉산)을 배경으로 꽤 많은 농가들이 고즈넉하게 자리 잡은 마을이 나타난다. 마을에 들어서면 넓고 평평한 대지 위에 깔끔하게 정돈된 농가들과, 마을의 오랜 역사를 말해 주는 한옥들이 어우러져 어머니의 품속처럼 포근하고 평화롭지만 여느 농촌 마을과는 달리 범상치 않은 분위기를 느끼게 해 준다. 이 마을이 영양남씨가 500여 년 대를 이어 살아왔고, 난고蘭皐 남경훈南慶薰(1572–1612)이 태어나고 자란 원구마을이다.

원구마을 전경

원구의 마을명은 원래 으뜸 거북이란 뜻으로 원구元龜, 둔덕진 곳에 있는 들이라 해서 뚜들 혹은 원두들, 으뜸 언덕이라는 뜻으로 원고元皐·원고元鼓, 넓은 평야가 있는 들이라는 뜻으로 원파元坡 등으로 부르다가 1895년 관제 개편 이후 원구元邱라 부르게 되었다.

이 마을은 구좌옥새형龜座玉璽形인 중구봉重九峰을 중심으로 마을 앞에 있는 용당산龍塘山과 동쪽으로 바라보이는 해발 183m의 상대산上臺山(관어대觀魚臺라고도 부른다)을 안산案山으로 하고, 서쪽으로 일월산日月山의 갈래인 해발 703m의 형제봉兄弟峯이, 남쪽으로는 해발 301m의 경악산鯨岳山이, 북쪽으로는 해발

서천(송천강)
↑인량
미례들
영덕해방풍
원구들
은보들
영해
918번 지방도
영양남씨
시암생가
영덕 난고종택
←영양
대구가톨릭대
영해수련원
용당산
경수당
남천
대흥백씨 회관
중구봉
원구사과
간이집하장
남천들

757m의 등운산騰雲山 줄기인 옥녀봉玉女峰 등이 둘러싸고 있다.

원구마을은 울티재에서 발원하여 송천강의 주류를 이루는 서천과, 대동에서 발원하여 마을 앞을 돌아 송천강으로 합류하는 남천 사이의 삼각지점에 자리하여 물과 관련이 깊다. 오랜 세월 동안 퇴적물이 쌓이고 물길이 변하여 점차 마을이 형성되었다고 한다. 지금도 땅속을 1–2m만 파도 흰모래층이 드러나곤 한다. 수리시설이 정비되지 않았던 시절에는 홍수가 지면 두 하천이 범람하여 수해를 입기 일쑤였다. 그래서 마을 주민들은 이러한 마을의 풍수지리적 입지를 천자형川字形이라고도 하고 행주형行舟形이라고도 한다. 그러나 지금은 서천과 남천의 범람을 막기 위한 곡강제방曲江堤防과 남천제방南川堤防이 튼실하게 축조되어 마을과 농경지를 잘 보호하고 있다. 두 하천 주변에 펼쳐진 넓고 비옥한 원구들, 미례들, 곡강들, 옥금들, 은보들, 남천들 등은 주민들의 생활을 여유롭게 뒷받침하고 있다.

마을 주민들은 서천과 남천이 제공하는 풍부한 수자원을 이용하여 전통적으로 벼농사를 주로 지었으나 최근에는 벼농사와 더불어 과수, 특히 복숭아를 재배하는 농가가 크게 늘어나서 농가소득이 증대되고 있다. 이로 인해서 원구마을은 인근의 다른 농촌마을에 비해 청장년층 인구가 비교적 높은 비중을 차지하고 있다.

이 마을에 언제부터 사람들이 거주하였는지에 대해서는 분명한 기록이 남아 있지 않아 고증하기 어렵다. 현재 거주하고 있는 영양남씨들과는 계보를 달리하는 종사랑從仕郎 남준南晙(1474–

1550)이 평해에서 이곳으로 이주하여 마을을 개척하였다는 설도 있다. 후손들의 묘소가 영해 지역에 산재해 있고, 주변에 거주하던 여러 문중과 혼인한 흔적이 있어서 인근에 거주한 것은 사실인 듯하나 원구마을에 거주하였는지는 불확실하다. 남준의 후손들은 영해 지역에 6대를 거주하다가 모두 청하 지역으로 이주하여 지금은 한 집도 남아 있지 않다. 그 후 진성이씨 영모당永慕堂 이선도李善道(1544-?)가 안동에서 처가를 따라 창수면 신기동을 거쳐 원구리로 이주하였다고 하는데, 그 후손들도 마을을 떠나고 지금 이 마을에 진성이씨는 아무도 살지 않는다. 현재 이 마을에는 15세기 말에서 16세기 중엽에 걸쳐 영양남씨英陽南氏, 무안박씨務安朴氏, 대흥백씨大興白氏가 차례로 입촌하여 오랜 세월 나란히 세거하고 있다.

이러한 성씨 구성이 원구마을의 중요한 특징을 이루고 있다. 한국의 종족집단은 혈연적 배타성과 신분적 우월감을 바탕으로 하는 특유의 족결합의식族結合意識을 형성한다. 이러한 배타적 족결합의식은 조상의 위세가 강할수록 더욱 강화되며, 주변에 위세가 비슷한 종족집단이 자리 잡고 있을 때는 경쟁의식과 대립감정으로 표출되기도 한다. 이러한 경쟁과 대립은 한 마을에서 위세가 비슷한 종족집단이 장기간 함께 거주하기 어렵게 만드는 요인이 된다. 우리나라 대부분의 종족마을이 한 성씨가 오랜 세월 세거하는 일성종족마을을 이루고 있는 이유가 여기에 있다. 드물게 두 종족이나 세 종족이 함께 세거하는 경우가 있긴 하지만 그런 경우에는 대개 심각한 갈등을 빚는다.

그런데 원구마을에는 영양남씨와 무안박씨, 대흥백씨 등 세 성씨가 약 500년 동안 마찰 없이 나란히 세거하고 있다. 우리나라 종족마을의 일반적 경향에 비춰 보면 매우 이례적인 사례에 속한다. 이들은 모두 지역사회에서 존경받는 훌륭한 인물을 현조顯祖로 하여 가문의 위상도 매우 높고, 원구마을과 인근 지역에 종족원들이 다수 거주하여 영해 지역 5대 성씨로 평가되고 있다. 종족집단에 대한 성원들의 소속감과 긍지도 강하여 집단 정체성이 뚜렷할 뿐만 아니라 경제적인 수준도 비슷하다. 조상의 위세, 집단 정체성, 종족 성원의 수와 밀도, 경제적 수준 등 여러 면에서 서로 대등한 위상을 확보하고 있어서 경쟁과 대립, 갈등과 마찰을 일으키기 쉬운 여건을 두루 갖추고 있다고 할 수 있다. 그럼에도 불구하고 원구마을의 세 성씨는 오랜 세월 서로 협동하여 마을의 통합을 잘 이루어 가고 있다.

원구마을에서 세 성씨가 협동하는 모습은 마을 공동의례인 동제洞祭 운행에서 찾아볼 수 있다. 원구마을의 동제는 음력 정월 14일 밤 자정 무렵(정확하게 말하면 정월 대보름날 첫새벽)에 마을 입구의 느티나무 숲에 있는 원구동신단元邱洞神壇에서 봉행하는데, 세 문중에서 각 한 명씩 제관을 선출하여 공동으로 제의를 주재하고 있다. 동제가 끝나면 마을 주민들이 모두 참여하여 음복을 한다. 마을의 중심을 이루는 세 양반 종족이 문중별로 동제의 제관을 선임하는 것은 각 종족집단이 자기 정체성을 뚜렷이 하고

원구동신단

있다는 점을 보여 주는 것이며, 오랜 세월 동안 갈등 없이 세 종족을 중심으로 동제를 주도해 온 과정은 마을 안에 세 종족집단 간의 긴밀한 협동체계가 구축되어 있음을 반영하는 것이다.

정월 대보름에 행하던 줄다리기에서도 혈연성을 뛰어넘어 마을공동체의 축제로 승화시키는 모습을 찾아볼 수 있다. 원구마을의 줄다리기는 인근 마을에서도 많은 사람들이 구경하러 몰려올 정도로 영해 지방에서는 널리 알려진 민속놀이였다. 줄다리기는 두 편으로 나누어서 서로 힘을 겨루는 경기지만 원구마을에서는 세 성씨가 각각 한 팀을 이루어서 줄을 준비하고 경기에 임한다. 세 성씨 이외의 타성들은 각자 연고를 가진 종족집단의 성원이 되어 줄 준비와 줄다리기에 참여한다. 보름날이 되면 각 성씨별로 준비한 줄을 들고 강변에 나와서 서로 줄을 걸기 위해 치열하게 경쟁한다. 두 팀만 할 수 있는 줄다리기에 줄을 걸지 못하면 그 팀은 탈락하기 때문이다. 그러다가 어느 두 팀이 줄 걸기에 성공하면 한 팀은 윗마을, 다른 한 팀은 아랫마을이 되어 지역 대결의 줄다리기가 진행된다. 탈락한 나머지 한 팀의 성원들은 거주 지역에 따라 윗마을과 아랫마을로 나뉘어서 어느 한 편에 가담하여 줄을 당긴다. 이때부터는 종족집단의 성원이라는 혈연적 소속감을 버리고 마을 주민의 자격으로 줄다리기에 임한다. 마을의 안녕과 풍농을 기원하는 염원이 담긴 놀이기 때문에 모두 열심히 참여한다. 근력만 있으면 노인들도 모두 줄다리기에 적극 참여한다. 일종의 의무감, 사명감을 가지고 참여하는 것이다. 이러한 원구마을의 줄다리기 의례는 혈연집단인 종족을 중심으로 줄을 준비하고, 줄 걸기에서도 종족별로 치열하게 경쟁하지만, 일단 줄을 걸고 나면 혈연성을 넘어서서 지역에 바탕을 둔 마을공동체의 축제가 된다. 혈연의식에 바탕을 둔 종족 간의 경쟁으로 출발해서(줄 준비와 줄 걸기), 윗마을과 아랫마을의 지역 대결(줄다리기)을 거쳐 주민 모두가 하나 되는 마을공동체의 축제(뒤풀이)로 승화되는 절묘한 메커니즘을 연출한다. 종족집단의 경쟁이 대립과 갈등을 불러오는 것이 아니라 줄다리기를 통해서 전체 마을을 하나로 통합하는 데 크게 기여하고 있는 것이다.

원구마을의 세 성씨가 일상생활에서는 물론이고 동제와 줄다리기를 통해서 협동과 친화관계를 오랜 세월 지속할 수 있었던 것은 세 성씨가 혼인을 통해서 긴밀하게 결합하고 있었기 때문으로 보인다. 세 종족 간에는 통혼의 빈도가 높을 뿐만 아니라 각 종족의 중심적인 인물들이 혼인으로 연결되어 개인과 개인의 결합, 혹은 가족과 가족의 결합을 넘어서서 보다 넓은 범위에 걸친 가문과 가문의 결합을 이루고 있었으며, 가까운 인척이 혼인을 통해 다시 결합하는 연비혼인聯臂婚姻을 통해 결합의 강도를 더욱 견고하게 다지고 있었던 것이다.

원구마을 세 종족집단이 보여 주는 이러한 혼인 연대와 마을 통합의 사례는 한국의 종족집단과 종족마을을 새롭게 조명하는 계기가 되고 있다.

3 영양남씨의 원구마을 입촌 과정

영양남씨는 신라시대 당나라의 안렴사按廉使로 일본에 사신으로 갔다 오다가 풍랑을 만나 영덕군 축산항에 표착한 김충金忠을 원조遠祖로 하고 있다. 이에 경덕왕景德王이 영양현을 식읍으로 주면서 이름을 민敏으로 고치고 남씨 성을 하사하였다. 그 후 400여 년 동안 가계를 상고할 수 없다가 고려 말에 남민의 후손 삼 형제를 중심으로 가계가 정리되어 첫째인 남홍보南洪輔가 영양남씨英陽南氏의 중시조가 되고, 둘째 남군보南君輔가 의령남씨宜寧南氏, 셋째 남광보南匡輔가 고성남씨固城南氏의 중시조가 되어 세 본관으로 나누어졌다. 울진에 정착한 남홍보의 후손들은 울진, 영덕, 영양, 안동 지역에 많이 거주하고 있다.

원구마을 영양남씨의 세계도

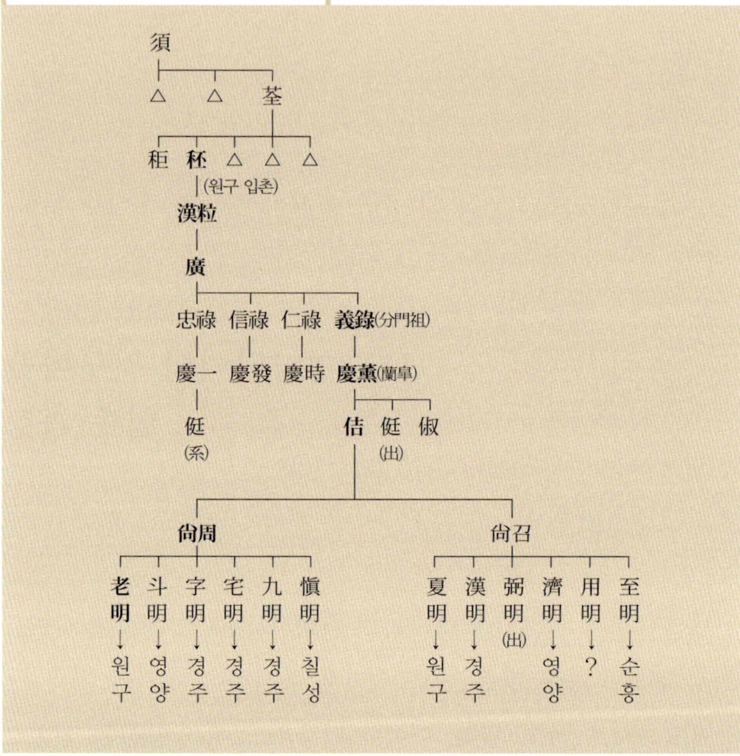

영해 지역의 영양남씨는 중시조 영양군英陽君 남홍보의 7대손 송정松亭 남수南須(1395~1477)가 울진에서 영해의 인량마을로 이거함으로써 이 지역에 터를 잡게 된다. 남수는 울진에서 태어나 사헌부감찰어사司憲府監察御使, 용담현령龍潭縣令을 역임하였으나 단종이 폐위되자 벼슬을 버리고 낙향하여 영양남씨의 80%를 차지하는 송정공파松亭公派의 파조가 되었다. 남수가 영해로 이거한

정확한 연대는 알 수 없으나 당시 인량(현 창수면 인량리)에 터전을 잡고 살던 대흥백씨 백린白璘의 딸과 혼인한 것으로 보아 혼인 후 처향(인량리)으로 이주한 것 같다. 아들과 딸을 차별하지 않고 재산을 균분하는 상속제도와, 혼인 후 처가에서 장기간 거주하는 서류부가壻留婦家의 혼인 풍습에 따라 물질적 토대가 튼실한 처가 쪽에서 생활하는 것은 당시의 일반적 관행이었다. 정착시조가 대흥백씨와 혼인함으로써 영양남씨와 대흥백씨는 혼인을 통해 깊은 유대를 맺게 된다.

원구마을로 처음 이주한 영양남씨는 남수의 손자인 남비南秠와 그의 아들 남한립南漢粒 부자이다. 이들의 생몰 연대가 명확하지 않고 원구마을에 이거한 과정도 분명한 기록이 없어 원구마을에 입촌한 시기를 정확하게 알 수는 없다. 하지만 남한립이 아버지를 모시고 처음 원구에 거주하였다는 영양남씨 족보의 기록(陪司直公始居元皐里)으로 미루어 볼 때 한립이 장성한 후에 원구마을로 이거한 것이 아닌가 한다. 남비는 1507년에 무과에 급제하여 훈련원참군訓練院參軍을 거쳐 충무위부사직忠武衛副司直을 제수받은 것으로 보아 1500년을 전후하여 원구마을에 정착하지 않았을까 짐작된다. 오늘날 원구마을에 거주하고 있는 영양남씨는 모두 이들의 후손이다.

남비와 남한립은 지금의 울진에서 나고 자랐다. 영양남씨 영해 입향조인 남수南須는 인량리에 사는 대흥백씨 백린의 딸과 혼인하여 인량에서 살았는데, 셋째 아들 남전南筌에게 옛 거처인 울진으로 돌아가 살라고 명하였다. 거기에서 아들 남비가 태어나서 자라고, 손자 남한립도 울진에서 태어났다. 가승家乘으로 전해오던 이러한 내용은 『영산가학英山家學』 수책首冊에 수록된 「진사공進士公(남한립南漢粒) 행략行略」에 기록되어 있으며, 남전과 그의 장남 남거南秬의 후손들 묘소가 울진에 남아 있는 것으로도 뒷받침된다.

울진에 거주하던 남비는 아들 남한립이 장성하자 인량리의 박지몽朴之蒙(1445-?)과 사돈을 맺어 남한립을 박지몽의 딸과 혼인하게 하였고, 이를 계기로 남한립이 부친 남비를 모시고 울진에서 처향 가까운 원구로 이거한 것으로 보인다. 인량리는 남비의 조부(남수)가 영해에 입향하면서 터를 잡은 곳이고, 백부와 중부 등 가까운 족친들이 거주하고 있었다. 원구마을과 인량리는 송천강(서천)을 사이에 두고 약 2km 떨어져 마주 보고 있는 마을이다. 이들 부자가 원구마을에 정착한 후 박지몽의 두 아들(박양기朴良基와 박영기朴榮基)도 원구마을로 이거하였다. 이로써 영양남씨와 무안박씨 사이에 긴밀한 혼인망이 형성되었다.

영양남씨가 원구에 입향하여 터를 잡던 시기에 이 가문은 대를 이어 무과급제자를 배출하는 무관 집안이었다. 원구마을에 처음 입촌한 남비는 1507년에 무과에 급제하여 훈련원참군訓鍊院參軍을 거쳐 충무위부사직忠武衛副司直(종5품)을 역임하였고, 손자 남광南廣(?-1586)과 증손자 남의록南義祿(1551-1620)도 무과에 급제하였다.

이처럼 무관을 많이 배출한 무인 집안이었던 원구의 영양남씨는 남의록의 대에 이르러 문풍을 크게 일으키는 일대 전환을 이룬다. 남의록은 1551년에 부장공部將公 남광南廣의 4남으로 태어났다. 1592년에 임진왜란이 발발하자 장남 남경훈과 함께 의병을 일으켜 영천성 수복 전투와 다섯 차례의 경주성 전투에 참전하였는데, 경주성 수복 전투에서는 비축해 두었던 군량미 700석을 지원하여 경주성 탈환에 크게 기여하였다. 이 공로로 예빈시주부禮賓寺主簿를 제수받았다. 이후에도 화왕산성회맹과 화왕산성 사수 전투에 장남과 함께 참여하였다. 전쟁이 끝나고 참전과 군량미 조달의 공적으로 선무원종공신宣武原從功臣 3등에 책록되었고, 1603년에 무과에 급제하여 조산대부朝散大夫 군기시판관軍器寺判官을 역임하였다. 그래서 집안에서는 남의록을 '조산공'이라 부른다. 그는 의병으로서, 무관으로서 국난 극복에 헌신한 의인이었다.

무인으로서 입신한 남의록은 무예 수련에 그치지 않고 퇴계의 제자인 유일재惟一齋 김언기金彦璣(1520–1588)가 영해향교 교수로 부임하자 그 문하에서 백인국白仁國(1530–1613), 백현룡白見龍(1543–1622), 박의장朴毅長(1555–1615) 등과 함께 수학하여 영해 지역에 유학의 기풍을 진작시키고, 가학家學의 기틀을 마련하여 장남 남경훈이 영해 지역의 대표적인 유학자로 성장하게 하였다. 남경훈은 유학자로서뿐만 아니라 부친과 함께 7년 동안 전장을 누비며 국난을 극복하는 데 크게 기여하였고, 부친이 영해부사의 학정을 탄핵하다가 옥에 갇히자 자청하여 부친 대신 옥살이를 하고는 옥에서 얻은 병으로 젊은 나이에 요절한 효자였다. 지역 유림에서는 남경훈의 이러한 충절과 효행과 학덕을 기려 1756년에 공의를 거쳐 불천위로 모시게 하고, 1804년에는 광산서원光山書院과 경덕사景德祠를 세워 그를 제향하였다. 이로써 원구의 영양남씨는 지역사회를 대표하는 명문가문으로 우뚝 서게 되었다.

제2장

충·효·학의 고고한 선비: 난고 남경훈

1 난고 남경훈이 살았던 시대

남경훈南慶薰(1572-1612)은 16세기 후반에 태어나 17세기 초반에 젊은 나이로 생을 마감하였다. 이 시기는 조선조 500년의 역사를 통틀어 사회경제적으로 커다란 변화의 물줄기가 시작되는 때였다. 1592년에 발발한 임진왜란과 1636년에 발발한 병자호란은 200년 동안 평화를 구가하던 조선 사회를 근본부터 흔들어 놓았다. 국토가 황폐해지고 사회 구성의 중추를 담당했던 양반 관료에 대한 백성들의 신망이 허물어져서 사회체제의 근간을 이루었던 신분제도가 점차 붕괴되기 시작하였다. 동서로 갈라진 붕당은 분열을 거듭하며 정치적 혼란을 부추겼다. 양대 전란의 후유증이 쉬이 아물지 않는 깊은 상처로 남았다.

그러나 이러한 시련과 혼란 속에서도 사회 각 분야에서는 새로운 변화의 움직임이 싹트고 있었다. 황폐해진 국토를 재건하고 피폐해진 백성들의 삶을 다시 일으키기 위하여 피나는 노력을 경주하지 않을 수 없었다. 생존을 위한 처절한 몸부림이었다. 강가에 제방을 쌓고, 관개시설을 정비하고, 황무지를 개척하였다. 조정에서는 농서를 발간하여 새로운 농법을 보급하였다. 그중에서도 이앙법移秧法(모내기)의 보급은 농업생산력을 크게 향상시켜, 가히 농업혁명이라 할 수 있을 만큼 농가의 소득이 크게 증대되었다. 농가의 소득 향상은 17세기 이후 상공업이 발달하는 기반을 제공하였다. 각 고을마다 5일장이 서고 상품 유통이 활발해졌다. 상품 유통의 범위도 확대되어 전국을 누비며 거래하는 보부상이 등장하였고, 각처에 객주客主와 여각旅閣이 생겨나서 상품의 유통뿐만 아니라 숙박업, 창고업, 운송업, 금융업에 이르기까지 그 활동 영역을 넓혀 갔다. 경제 분야에서 일어난 이러한 변화는 점차 학문과 문화의 영역에까지 파급되어 조선 후기 실사구시實事求是를 추구하는 실학實學의 대두를 촉진하였다.

이러한 일련의 변화는 백성들의 일상생활에도 영향을 미쳐서 가족생활과 친족제도가 크게 변화한다. 부계친족집단이 조직화되고, 조상을 숭배하는 의식이 강화되며, 자녀들이 돌아가며 제사를 모시던 윤회봉사輪回奉祀가 사라지고 점차 장남이 조상제사를 전담하는 장남 단독봉사로 전환된다. 이에 따라 아들 딸 구별 없이 모든 자녀들에게 재산을 똑같이 나누어 주던 균분상속제도均分相續制度가 장남에게 많이 주고 딸은 제외하는 장남 우대 차등상속제도差等相續制度로 바뀌게 된다. 혼인하면 남자가 처가에서 오랜 기간 생활하던 서류부가혼壻留婦家婚 풍속도 점차 약화되어 서류부가 기간이 대폭 단축된다. 양변적 가족제도에서 부계가족제도로 일대 전환을 이루게 된 것이다. 여기에는 고려 말에 도입되어 조선 초기를 거치면서 확대 보급된 성리학性理學과 종법사상宗法思想이 크게 영향을 미쳤다.

가계계승의 원칙을 제시한 종법사상은 성리학과 주자가례가 도입되면서 이 땅에 전래되었다. 그러나 도입 초기인 고려 말은 물론이고 조선 초기까지도 일부 지식층에서 수용되었을 뿐 널리 보급되지 못하였다. 종법사상의 요체인 부자계승, 장자계승, 적자계승의 원칙은 한마디로 '적장자계승嫡長子繼承 원칙'이라 할 수 있는데, 이는 고려 이래로 우리 사회에서 오랜 세월 지켜 온 관습과는 상당한 거리가 있었다. 조선 초기에는 서얼庶孼에 대한 차별의식이 별로 강하지 않아서 서자가 재산을 물려받고 조상 제사를 봉행하는 일이 큰 허물이 되지 않았다. 장남이 후사 없이 사망해도 양자를 들이지 않고 동생이 그 역할을 대신하는 형망제급兄亡弟及이 『경국대전經國大典』에도 허용되고 있었다. 문중조직이 확립되지 않아서 누대에 걸친 조상을 제사 지내고 지속적으로 조상 묘소를 관리할 수가 없었다. 각 가문마다 고려시대의 조상 묘소가 실전된 것은 여기에서 연유한다. 혼인 관습에서도 혼사 당일 신부를 바로 데리고 와서 신랑집에서 대례를 치르고 첫날

밤을 보내는 중국의 친영례親迎禮와, 남자가 여자집으로 장가들어 처가가 있는 곳에서 오랜 세월 생활하던 조선의 서류부가혼壻留婦家婚은 근본적으로 상이한 풍습이었다. 사례四禮 중에서 특히 혼례가 『가례家禮』의 규정과 합치되지 못하는 이유가 여기에 있다.

조선 초기에도 널리 보급되지 못했던 성리학이 중종과 명종대를 거치며 퇴계 이황(1501–1570), 남명 조식(1501–1572), 율곡 이이(1536–1584)와 같은 걸출한 학자들이 등장하여 많은 제자들을 양성하자 크게 확산되기 시작한다. 그리하여 17세기에 이르면 성리학이 조선 사회에 완전히 뿌리를 내리고 종법사상도 널리 보급되었다.

남경훈은 바로 이러한 시대적 배경을 안고 태어났다. 남송의 주자朱子에 뿌리를 두고 조선에 와서 꽃피운 성리학을 퇴계 이황→유일재 김언기→부친 남의록을 통해 전수받고, 격변하는 사회문화적 소용돌이를 몸소 경험하면서 자신의 학문을 개척하였다. 그의 주저 『사례해의四禮解義』는 바로 이러한 역사적 맥락 속에서 태어난 것으로 볼 수 있다.

2 난고의 유년 시절과 학문세계

남경훈은 1572년 음력 11월 4일 원구마을에서 부친 남의록南義祿과 모친 춘천박씨春川朴氏 사이에서 장남으로 태어났다. 초휘는 경생慶生이며, 자는 응화應和, 호는 난고蘭皐이다. 어머니 춘천박씨는 선공감직장繕工監直長을 지낸 박인수朴仁壽의 딸이다.

남경훈의 초명初名 경생慶生과 관련해서는 부친 남의록의 다음과 같은 훈사가 전해지고 있다.

> 옛날에 나의 선군자先君子(남광南廣)께서 말씀하시기를 "내 조상께서 덕을 많이 쌓아서 후대에 반드시 넉넉한 경사가 있을 것이므로 너희 아들의 이름에 모두 경慶 자를 넣었다."라고 하셨다. 그리하여 너희 종형제의 이름에 모두 경慶 자가 붙은 것이다. 이제 다행히도 네가 소과에 합격하였으니 우리

가문의 경사가 네 몸에서부터 비로소 펴지지 않겠느냐. 바라건대 너희들이 몸가짐을 조심하고 행실을 닦으며 학문에 힘써서 너희를 낳아 준 선조를 욕되게 하지 않는다면, 경사스러움과 다행스러움이 더하지 않겠느냐. 경계하고 삼갈지어다.

「장남경훈석명훈사長男慶薰錫名訓辭」

초명을 경생으로 지은 난고는 그 후 경훈慶薰으로 개명하였다. 임란 중 여러 차례 개최되었던 회맹에 참여한 인사들을 기록한 회맹록에 '남경생南慶生'으로 기록되기도 하고 '남경훈南慶薰'으로도 기록된 것으로 보아 임란 이전에 '경훈慶薰'으로 개명한 것으로 추정된다. 당시에는 아직 넓은 범위에 걸친 문중 전체가 대동항렬자大同行列字를 사용하는 관행이 보급되기 전이라 대체로 형제나 사촌 범위에서 돌림자를 사용하기 시작하였는데, 이 집안에서도 사촌 범위에서 돌림자를 사용하고 있다.

난고의 유년 시절에 대해서는 남아 있는 기록이 많지 않아서 자세한 내용을 살피기 어렵지만 집안에 전해지는 얘기들을 종합해 보면 어려서부터 총명하고 영특한 모습을 보였던 것으로 짐작된다. 어른 등에 업혀 다니면서도 글 읽는 흉내를 내어서 집안사람들의 웃음을 자아냈다고 한다.

난고의 어린 시절 가정교육은 외할머니 영해박씨寧海朴氏와 어머니 춘천박씨春川朴氏가 주로 담당하였다. 어머니는 고려 충렬왕 때 좌명공신佐命功臣으로 춘천부원군春川府院君에 봉해진 박항朴恒의 후손으로, 여자로서 지켜야 할 품성과 내조의 부덕을 일찌감

치 깨우친 훌륭한 여성이었다. 어머니는 어린 경생에게 "너는 이다음에 어른이 되거든 큰 벼슬만을 생각하는 사람이 되지 마라. 민심을 살피고 그들의 본이 되어 나라를 위하는 사람이 되어야 한다."라고 항상 당부하였다. 또 어른을 대하는 예의와 나라를 생각하는 마음을 심어 주고자 노력하였다. 이러한 어머니의 가르침이 훗날 그가 충·효·학의 사표로 우뚝 설 수 있었던 밑거름이 되었을 것으로 보인다.

아버지 조산공은 경생의 영특한 모습을 지켜보면서 일곱 살이 되자 본격적으로 글을 가르치기 시작하였다. 먹을 가는 법, 붓을 쥐는 법, 붓글씨 쓰는 법부터 시작해서 선현들의 가르침을 차근차근 전하였다. 대개 선비들은 자녀를 직접 가르치지 않고 명망 있는 학자의 문하에 보내서 가르침을 받도록 하는 것이 관행이었지만 조산공은 따로 스승을 모시지 않고 아들을 직접 가르쳤다. 이러한 전통은 당대에만 그치지 않고 후대에도 계속되어, 이 집안에서는 대대로 아버지 혹은 할아버지에게서 아들 혹은 손자에게로 학문이 전수되는 가학家學의 전통이 이어져 왔다. 조산공은 퇴계의 적전제자嫡傳弟子인 유일재惟一齋 김언기金彦璣의 문하에서 수학하여 퇴계의 제전제자弟傳弟子가 된 유학자이다.

난고는 부친 조산공으로부터 지극한 가르침을 받았으나 약관의 나이에 국난을 당하여 학업에만 전념할 수 없었다. 전쟁이 계속되는 7년 동안 부친과 함께 의병을 일으켜 수많은 전투에서 전공을 세우고 나라를 위기에서 구출한 의인이었다. 전쟁이 끝나고 지친 심신을 회복하기도 전에 학문에 몰두하여 1605년에 향시鄕試에서 장원을 하였고, 이듬해인 1606년에는 사마시司馬試에 입격하여 성균진사成均進士에 선발되었다. 우복愚伏 정경세鄭經世는 난고의 문장을 보고 "이는 세속 선비의 흔해 빠진 사장詞章의 학문이 아니다."라고 칭찬하였다. 그러나 난고는 벼슬길에 나아가는 것을 마다하고 정원 동쪽에 연못을 만들어 연꽃을 심고 고기를 기르며 학문 연찬과 후학 지도에 전념하였다. 이에 향당에 난고의 인품이 훌륭하고 학문이 높다는 소문이 자자하여 다투어 가르침을 청하였다.

그중에서도 여중군자女中君子로 칭송받는 장계향張桂香이 전실 자녀의 학업을 난고에게 부탁한 것은 잘 알려진 사실이다. 장계향은 경당敬堂 장흥효張興孝의 외동딸로서, 인량마을에 살고 있는 아버지의 제자 석계石溪 이시명李時明과 혼인하였는데, 혼인 당시 이시명의 슬하에는 상배한 전실 광산김씨 소생의 여섯 살 난 아들 상일尙逸이 있었다. 상일의 공부를 걱정하던 장계향은 수소문 끝에 5리 상간의 원구마을에서 후학을 가르치고 있는 난고 남경훈이 학덕이 높다는 소문을 접하고서 난고 문하에 상일을 보내 학업을 닦게 하였다. 추운 겨울임에도 열아홉 살 젊은 부인의 몸으로 인량마을에서 원구마을까지 매일 상일을 업고 왕래하며 가르쳐서 훗날 큰 인물로 성장시켰다.

당시 원구마을에는 영양남씨를 뒤이어 입촌한 무안박씨와 대흥백씨가 함께 살고 있었는데, 대흥백씨 입촌조인 족한당足閒堂

백인국白仁國의 손자 백원발白源發도 난고의 문하에서 학업을 닦았다. 백인국은 조산공 남의록보다 21년 연장이지만 유일재 김언기의 문하에서 함께 수학하고 6읍교수를 역임한 유학자이다. 임진란이 발발하자 백인국은 향인을 솔병하여 축산포에서 왜적을 방어하고, 독자獨子인 백민수白民秀에게 유서를 쓰게 하여 병량과 함께 화왕산성 곽재우 진영으로 보내 참전케 하였다. 백민수는 이 공으로 선무원종공신宣武原從功臣 3등에 올라 내자시직장內資寺直長의 관직을 제수받았다. 그의 아들 백원발은 난고 문하에서 수학하고 난고의 사위가 되었다. 백원발은 아들 5형제(必興·世興·震興·賓興·致興)를 두었는데, 이들이 모두 현달하여 그 명성이 향당에 회자되자 지역사회에서는 이 집안을 오흥가五興家라 불렀다. 난고문중에서는 이들 5형제가 남씨문중의 외손임을 큰 자랑으로 삼고 있다.

이렇듯 남경훈은 어머니의 가르침대로 벼슬에 뜻을 두지 않고 학문에 몰두하며 후학 양성에 전념하여 말 타고 활 쏘는 영해를 책 읽고 글 쓰는 문향으로 탈바꿈하는 기틀을 마련하였다.

난고는 옛 성현들의 전적을 두루 섭렵하여 경사자집經史子集에 통하지 않은 바가 없었는데, 특히 의義와 예禮의 근본을 깊이 탐구하고 이를 실천하는 데 한 치의 흐트러짐도 없었다. 임진란이 발발하여 아버지 조산공이 의병을 일으키자 약관의 나이에 아버지를 모시고 참전할 것을 자청하여 여러 전투에서 전공을 세운 의인이었으며, "예란 집에서 날마다 행하는 것이니 익숙히 강구하

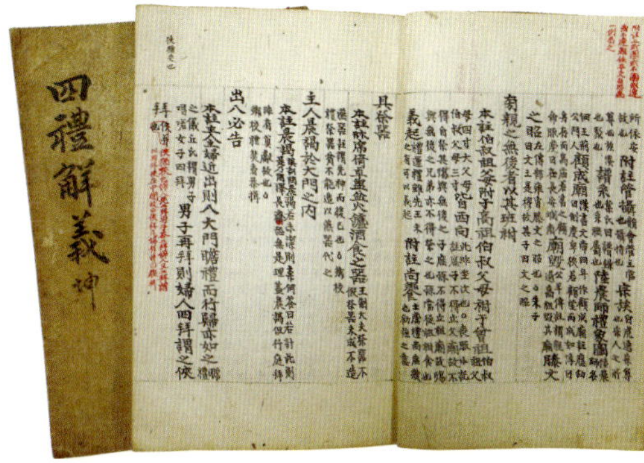

△ 『사례해의』(영양남씨 난고문중, 한국국학진흥원 제공)

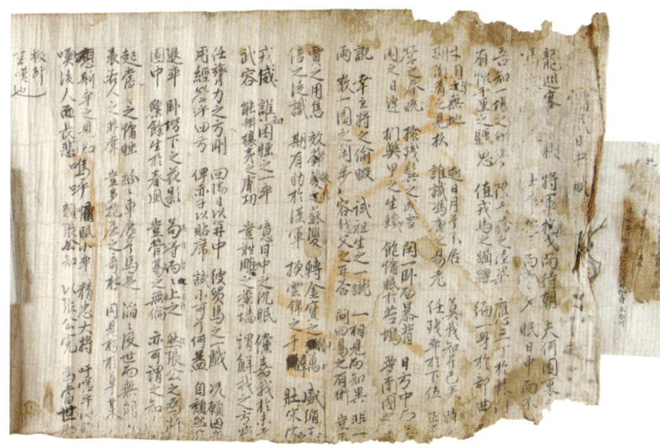

△ 남경훈 시권(영양남씨 난고문중, 한국국학진흥원 제공)

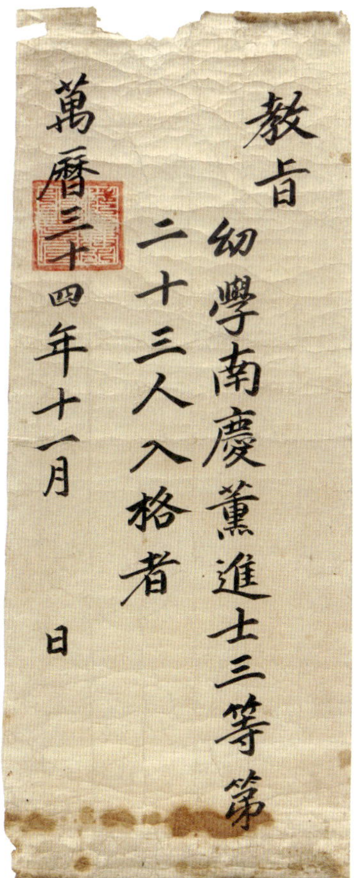

教旨

幼學南慶薰進士三等第
二十三人入格者

萬曆三十四年十一月　日

◁ 남경훈 백패(영양남씨 난고문중, 한국국학진흥원 제공)

지 않으면 안 되는 것"으로 여겨 어버이를 모시는 일이나 사람을 대하고 사물을 접하는 데 옛 성현의 가르침에 어긋남이 없는 예의 실천자였다. 특히 『주자가례朱子家禮』에서 요점을 뽑고 여러 선현들의 주소註疏를 엮어 서로 같음과 다름을 판별하고 잘못된 것을 정밀하게 고증하여 후인들이 예를 실천하는 데 지침으로 삼도록 저술한 『사례해의四禮解義』 2책은 난고의 예학자로서의 면모를 여실히 보여 준다.

난고의 저서와 유묵은 일부가 산실되어 그의 학문의 경지를 더 깊이 살피기 어려운 안타까움이 있다. 그러나 남아 있는 유고와 묵첩을 후손들이 수습하고 정리하여 『익양연방집益陽聯芳集』, 『영산가학英山家學』, 『가선세묵家先世墨』에 수록해 두어서 간결한 문장과 수려한 필법의 면모를 후세에 전할 수 있게 된 것은 참으로 다행한 일이다.

난고는 퇴계의 학맥을 이은 정통 성리학자이지만 유학의 탐구에만 머무르지 않고 병법에도 매우 조예가 깊었던 것으로 보인다. 정유재란 시에 20대 중반의 젊은 나이로 화왕산성회맹에 참여하여 적의 정세와 아군의 전력을 파악한 후 곽재우 장군에게 승전책을 건의하여 전투를 승리로 이끄는 데 크게 기여하였다. 이 글(「상곽의장재우上郭義將再祐」)에서 난고는 군대의 선발, 군대의 인화, 군량과 군수품의 조달, 무기 체계 등에 관한 방략을 소상하게 기술하고 있다. 나라의 운명이 위급한 순간에 젊은 나이로 이러한 건의를 한다는 것은 병법에 대한 해박한 지식 없이는 감히 엄두를 내기 어려운 일인 것이다.

지수篪叟 정규양鄭葵陽(1667-1732)이 찬한 「난고선생행장蘭皐先生行狀」에 따르면, 예를 중시한 남경훈의 행의는 학문적 이론에만 머무르지 않고 실천궁행으로 이어져, 집안에서뿐만 아니라 타인을 대할 때에도 예禮와 경敬을 중심에 두었다. 남경훈은 평소 성품이 장중하여 말과 웃음이 적었고 절대로 남의 장단점을 말하지 않았다. 겸양으로 자신을 지키며 예로써 남을 따뜻하게 대하여 집 안에나 집 밖에나 항상 화기가 융성하였다. 꾸미는 것을 좋아하지 않았으며, 남에게 알려지는 것도 원하지 않았다. 항상 청렴하고 명리를 하찮게 여겼다. 스스로 말하기를 "나는 남보다 나은 행실이 없지만 일생 동안 분수 밖의 짓을 하지 않았으며, 법도에 맞게 경영하여 더욱 공평 질박하도록 노력하였다."라고 하였다.

이처럼 난고는 퇴계의 학맥을 이어 지역사회에 성리학의 기풍을 진작시킨 학자요 교육자로서, 의義와 예禮의 근본을 깊이 탐구하고 실천궁행한 의인이요 큰 스승이었다.

3 남의록과 남경훈 부자의 임란 창의

조선은 개국 후 200년간 큰 전란 없이 평화를 구가하였는데, 1592년 음력 4월 중순에 16만여 명의 왜적이 느닷없이 부산포에 상륙하였다. 오랜 평화시대를 거치면서 전쟁에 대한 대비가 매우 부실했던 조선 조정은 외적의 침범에 적절하게 대응하지 못하고 우왕좌왕하였다. 부산진첨절제사釜山鎭僉節制使 정발鄭撥과 동래대도호부사東萊大都護府使 송상현宋象賢이 전사하고 울산, 경주, 영천이 연이어 적의 수중에 떨어졌다. 나라의 운명이 백척간두에 선 등불처럼 절체절명의 위기를 맞고 있었다.

청천벽력 같은 급보는 궁벽한 영해 원구마을에도 전해져 사람들의 가슴을 놀라게 하고 심장을 멎게 하였다. 나라를 걱정하는 모든 사람들이 이 위기를 가만히 앉아서 보고만 있을 수는 없었다. 내 가족과 우리 고을이 적의 말발굽에 짓밟히는 참혹한 일을 막을 방도를 찾아야만 하였다. 책을 읽던 선비도 책을 내려놓고, 밭을 갈던 농부도 쟁기를 팽개치고 적을 무찌르는 일에 결연히 나섰다.

임란 때 의병 조직은 유림의 거병 창의와 민중들의 자발적 동참으로 이루어졌다. 창의에 뜻을 둔 자가 그의 가족과 노복, 그리고 토지를 매개로 연결된 주민들을 수합하여 개별적으로 의병을 조직하거나, 이들과 평소에 학연이나 지연으로 친분관계를 유지하던 유림들이 서로 연대하여 조직하기도 하였다. 어느 경우이거나 전쟁 초기에 결성된 의병 조직은 상당히 개별성을 띨 수밖에 없었다. 전쟁 초기 관군의 활동을 거의 기대할 수 없었던 상황에서도 의병들의 활동이 소기의 성과를 거둘 수 있었던 것은 왜적의 주력 부대가 북상하고 난 다음 부산, 울산, 경주, 밀양, 청도, 영천, 대구 등지에는 수백 명에서 일이천 명 정도의 소수 병력이 나누어 주둔하고 있었는데, 그들이 소지하고 있는 무기(조총과 단검)가 단순하여 승전 가능성이 매우 높다는 사실을 간파하고 각지에서 궐기한 의병들이 결사보국의 충정으로 강하게 결합하였기 때문이다. 그러나 당시 경주와 영천 지역에서 거병한 의병들의 조직과 활동 내용에 대해서는 소상한 기록이 남아 있지 않아 실상을 정확하게 파악하기가 쉽지 않다. 다만 경주 의병장 이언춘의 『동계실기東溪實記』 등 단편적인 기록들을 재구성해 대체적인 윤곽을 짐작해 볼 수 있을 뿐이다.

남의록은 이 일의 가장 선두에 섰다. 그는 대대로 무인을 배출한 가문에서 나고 자란 무사였고, 의리와 명분을 생명처럼 소중히 여기는 선비였다. 더구나 이 시기 남의록은 지역사회의 신망을 한 몸에 받고 있던 향당의 좌장이었다. 통문을 돌려 동지를 규합하고, 가재를 털어 군량과 병장기를 마련하여 영해 지역 최초의 의병을 조직하였다. 부친의 참전 의지를 들은 난고는 약관의 나이지만 부친을 따라 출전할 것을 간청하였다. 국난을 당하여 의로운 일에 몸을 바치는 것은 선비의 도리이며, 위기에 임하여 부모를 보호하는 것은 자식 된 자의 도리라는 것이었다. 그러자 남의록은 "나라의 형편이 이 지경에 이르렀으니 신하 되고 자식 된 자가 높은 베개에 편안히 누워 있을 세월이 아니다. 네가 약관의 나이로 전란에 임해 나라를 위해 목숨을 바칠 의리를 알고서, 한 몸 죽고 삶을 계산하지 않으니 내 어찌 자식 사랑하는 생각으로 너의 가상한 뜻을 막겠느냐."라고 하며 출전을 허락하였다. 당시 보통 집안에서는 가문을 유지하기 위해 장자는 전장에 보내지 않고 피신시켜 보호하는 것이 상례였으나 남의록은 아들의 뜻을 흔쾌히 받아들여 함께 창의 거병하였다. 부자가 함께 의병 활동에 동참한 사례는 남의록·남경훈 부자 이외에도 백현룡·백중립 부자, 조광의·조건·조전 삼부자, 이함·이시청 부자 등이 있다. 형제 혹은 숙질이 함께 참전한 사례도 여럿 있다. 모두 충과 효를 몸으로 실천하고 의와 예를 생명으로 삼는 선비의 기개를 엿볼 수 있는 사례들이다.

4 결사항전을 맹세한 여덟 차례의 회맹 참가

1592년 음력 4월 14일에 부산포에 상륙한 왜군 제1진은 동래성을 점령하고 양산, 밀양, 청도, 대구로 진출하였다. 4월 18일에 부산포에 상륙한 제2진은 언양을 거쳐 4월 21일에 경주성을 함락하였다. 부산에 상륙한 지 불과 사흘 만이었다. 경주성을 함락한 왜군은 그 여세를 몰아 이튿날 영천성까지 수중에 넣었다. 전쟁에 대한 대비가 허술했던 조선 관군은 조총을 앞세우고 파죽지세로 밀고 올라오는 왜군 앞에서 속수무책으로 당할 수밖에 없었다. 경주와 영천이 무너지면 상주와 문경새재를 넘어 충주를 거쳐서 한양으로 진격하는 지름길을 터 주게 되는 것이다. 이에 힘이 부족한 관군을 돕고 스스로 왜적과 맞서 싸우기 위해 각지에서 의병이 궐기하였다.

의병은 나라를 걱정하는 우국충정으로 모였지만 각지에서 산발적으로 결성되었기 때문에 전체적으로 지휘체계가 확립되지 못하고 업무 분장도 명확하게 할 수가 없었다. 특히 대규모 전투에 임해서는 적지 않은 어려움이 있었다. 이런 어려움을 극복하기 위해서는 대표자들이 모여서 결사항전의 결의를 다지고 작전계획을 수립하는 과정이 필요한데, 이러한 모임이 회맹會盟이다. 임란 시의 회맹은 다른 지역에서는 찾아볼 수 없고 오직 경상도 의병에서만 나타나는 독특한 모습이다.

남경훈이 의병을 조직하고 영해 의병장의 자격으로 참여한 회맹은 두 차례의 경주 문천회맹蚊川會盟을 비롯하여 문경 당교회맹唐橋會盟, 세 차례의 대구 팔공산회맹八公山會盟, 팔공산 상암오희연구회맹上庵五戲聯句會盟, 창녕 화왕산성회맹火旺山城會盟 등 여덟 차례에 이른다.

문천회맹은 경주성 수복과 영천성 수복을 위한 전투를 앞두고 1592년 음력 5월 29일(제1차)과 6월 9일(제2차)에 두 차례 개최되었다. 문천蚊川(汶川이라고도 한다)은 경주 반월성을 끼고 도는 남천을 이르는 말이다. 남경훈은 아버지 조산공의 명을 받아 영해 의병장의 자격으로 백중립, 정승서와 함께 이 회맹에 참여하였다. 문천회맹에는 경주부윤 윤인함尹仁涵과 경주판관 박의장朴毅長을 비롯하여 12개 고을에서 모인 의병장 129명 등 131명이 참여하여 작전계획을 세우고 죽음으로써 적을 무찌르기를 맹약하였다. 이

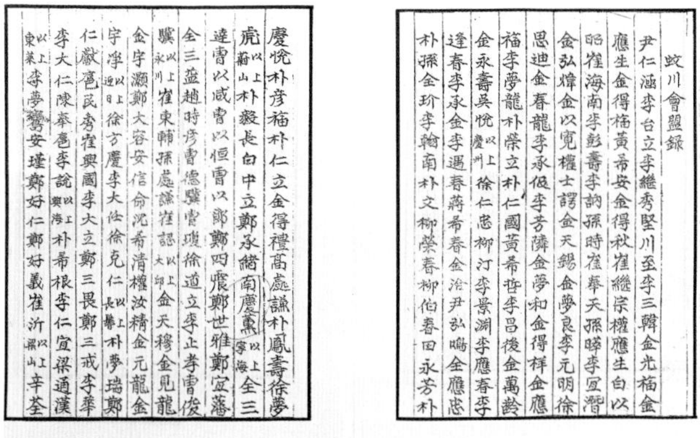

「문천회맹록」

때 모인 회맹 참가자들의 출신 지역을 보면 경주를 필두로 동래, 양산, 울산, 언양, 영일, 장기, 흥해, 영해, 영천, 대구, 자인 등 경상도 동부 지역을 망라한다. 문천회맹은 산발적으로 조직된 의병을 체계화하여 연합작전을 가능하게 한 최초의 회맹이었으며, 전국에 항왜봉기의 불길을 활화산처럼 지피는 촉매제가 되었다.

문경 당교회맹은 임진란이 일어난 이듬해인 1593년 음력 2월 21일에 개최되었다. 당교는 경상도와 한양의 연결통로 역할을 하는 군사적 요충지였다. 당시 순찰사巡察使 한효순韓孝純은 당교에 거점을 확보하고 있는 왜군을 급습하여 경상도 북부 지역의 적세를 차단할 계획으로 경상도 지역의 관군과 의병을 당교에 집결시켰다. 경기도에서 지원 온 16명을 비롯하여 각 지역에서 활약하던 132명의 의병장들이 이 자리에 모여 왜적의 토벌을 다짐하였는데, 영해 지역에서도 남경훈을 비롯해 12명이 회맹에 참여하였다.

팔공산회맹은 상암오희연구회맹을 포함하여 네 차례나 개최되었는데 제1차 팔공산회맹은 1596년 3월 3일에 공산성에서 개최되었다. 이 시기는 명과 왜의 강화교섭이 진행되던 때로, 강화사절단의 일본 파견이 추진되고 왜군도 철군을 고려하는 등 전쟁이 소강상태에 있었다. 그러나 조정에서는 강화회담 결렬에 대비하여 관군과 의병의 재점검이 필요하였다. 이에 도체찰사都體察使 류성룡柳成龍과 체찰사體察使 이원익李元翼이 주도하여 영남 지역 의병장들을 불러 모아 관군과 의병의 재결속을 시도한 것이다. 여기에는 영남 지역을 비롯한 여러 지역의 수령과 관원이 다수 참여하였고, 70개 고을의 의병장 480여 명 등 도합 5백 수십 명이 집결하여 결의를 다졌다. 영해 지역에서도 남경훈을 비롯하여 31명이 참여하였다.

제2차 팔공산회맹은 같은 해 9월 28일에 역시 공산성에서 개최되었다. 이 회맹에 참여한 인사들의 면면은 기록에 따라 차이가 있어서 정확하게 파악하기 어렵지만 정세아鄭世雅의 『호수실기湖叟實記』와 김득복金得福의 『종군록從軍錄』에 영해 지역의 남경훈, 박의장, 강극유, 이숙 등 4명을 비롯하여 100여 명이 참여한 것으로 기록되어 있다.

제2차 팔공산회맹을 개최하기 10여 일 전인 9월 15일에는 32명의 의사들이 팔공산 상암上庵에 모여 오희연구회맹五戲聯句會盟을 개최하였다. 각자 자기의 자字를 넣은 오언절구를 연이어 작시하여 32행의 장시를 완성한 독특한 회맹이었다. 제2차 팔공산 회맹을 준비하는 과정에서 미리 도착한 인사들이 가슴에서 끓어 오르는 우국충정과 토적 의지를 오언절구로 토로한 것이 아닌가 한다. 여기에는 영해에서 남경훈과 박의장, 박유, 백현룡 등 4명이 참석하였는데, 그 내용이 『난고집蘭皐集』과 정세아의 『호수실기』에 기록되어 후세에 전하고 있다.

제3차 팔공산회맹은 정유재란이 발발하고 왜적의 주력이 밀양, 창녕, 안음을 거쳐 전라도로 진입하면서 일부 부대가 대구로 침입하자 이를 격퇴하기 위해 1598년 9월 22일*에 개최되었다. 류정柳汀의 『송호일기松壕日記』, 이언춘李彦春의 『동계실기東溪實記』, 박인국朴仁國의 『정엄실기靖广實記』 등에 따르면 참석자가 제1차 회맹 때의 배였다고 기록되어 있어 1차와 2차 회맹 참석자 대부분이 참석한 것으로 짐작된다. 그런데 기록된 의병은 20여 명에 불과하고, 영해 지역 인물로는 권의각, 남윤조, 정승서 3명만 수록되어 있어 남경훈을 비롯한 다수가 누락된 것으로 보인다. 제3차 팔공산회맹은 임진란 기간 중에 행해진 회맹으로는 마지막 회맹이다.

제3차 팔공산회맹이 개최되기 일 년 전인 1597년 7월 15일부터 21일까지 창녕 화왕산성에서 영남 지역 다수의 백성들과 의병

* 임진란정신문화선양회가 주최한 학술대회(2014. 10. 31.)의 논문집 『대구지역의 임진란사 연구』에 수록된 구본욱의 논문 「대구유림의 임진란 창의와 팔공산 회맹」에 따르면 9월 22일에 왜적과 대규모 전투가 있었다고 한다(p. 64. 각주 55). 그렇다면 회맹일은 전투일보다 앞선 시기일 것으로 추정되는데, 9월 22일에 회맹이 개최되었다는 기록은 전투일을 회맹일로 착각한 것이 아닌가 한다.

들이 집결한 가운데 대규모 회맹이 있었다. 1596년 9월에 강화 교섭이 결렬되자 왜군은 1597년 정월에 다시 조선을 침략하였다. 이것이 정유재란이다. 강화 기간 동안 철수하지 못하고 잔류해 있던 2만여 명과 다시 바다를 건너 온 5만여 명이 남해안 일대에 거점을 확보하고 전주를 점령하기 위하여 밀양을 거쳐 창녕으로 진출하였다. 조선 조정에서는 도체찰사都體察使 이원익李元翼과 도원수都元帥 권율權慄의 입안으로 모든 백성들과 식량, 재산을 고지에 위치한 산성에 집결시켜 결사 항전하는 청야책清野策을 시행하였는데, 화왕산성의 수성을 책임지고 있던 곽재우도 경상좌도방어사慶尚左道防禦使로서 창녕, 밀양, 영산, 현풍의 군사를 거느리고 화왕산성으로 이동하였다. 이에 각지의 백성과 의병들도 곽재우를 믿고 화왕산성으로 모여들었다. 이러한 과정에서 이루어진 것이 화왕산성회맹이었다. 곽재우의 후손인 곽원갑郭元甲 등이 편저한 「용사응모록龍蛇應募錄」과 「화왕입성동고록火旺入城同苦錄」에 수록된 주요 인사의 수는 약 700명에 이른다. 여기에 영해 출신으로 42명이 기록되어 있는데, 남경훈도 부친 남의록과 함께 참여하였다.

남경훈은 화왕산성에 입성하여 적의 정세와 아군의 전력을 파악한 후 승전책(「상곽의장재우上郭義將再祐」)을 작성하여 곽재우 장군에게 올렸다. 군사의 선발, 인화와 군기 확립, 군량 조달, 무기 확보 등에 대한 대책을 조목조목 상세하게 열거하며 급히 시행할 것을 촉구하였다. 이 승전책을 바탕으로 작전계획을 세워 화왕산성을 지키는 데 크게 기여하였기에 그 전문을 『망우당집忘憂堂集』에 수록하여 전하고 있다. 이때 남경훈의 나이 26세. 아직 경륜이 쌓였다고 보기 어려운 젊은 나이임에도 이처럼 담대한 건의서를 작성해 올릴 수 있었던 것은 그가 이미 병법에도 상당한 경지에 도달하였음을 짐작게 한다.

충·효·학의 고고한 선비:
난고 남경훈

5 사선을 넘나드는 여덟 차례의 전투 참전

가토 기요마사加藤清正가 이끄는 왜군 제2진이 1592년 음력 4월 18일에 부산포에 상륙하여 언양을 거쳐 4월 21일에는 경주성에 입성하였다. 당시 경주에는 부윤 윤인함이 피신하고 판관 박의장이 장기현감 이수일과 함께 성을 지키고 있었으나 세가 불리하자 성을 비우고 후퇴하였다. 왜군은 그 여세를 몰아 일부 병력을 경주성에 남겨 둔 채 영천성까지 점령하였다. 이후 왜적은 신령을 거쳐 제1군과 합세하여 충주 쪽으로 진격하였다. 조총으로 무장한 왜군 앞에 무기가 부실하고 정신력이 해이한 조선의 관군은 속수무책으로 무너지고 있었다. 나라의 운명이 경각에 달린 이러한 위기에 경주를 비롯한 울산, 영천, 영일, 영해 등지의 선비들은 어느 곳보다 먼저 붓과 책 대신 창과 활을 들고 창의 거병하여 왜적과 맞서 싸웠다. 남의록과 남경훈 부자도 영해에서 의병을 조직하고 관군과 다른 지역 의병들과 합세하여 적을 물리치는 데 앞장섰다.

남경훈이 참전한 것은 다섯 차례의 경주성 전투, 영천성 수복 전투를 비롯하여 멀리 문경과 창녕까지 출병한 당교전투와 화왕산성 수성 전투 등 여덟 차례에 이른다. 남경훈이 참전한 전투의 상황을 몇몇 자료를 참고하여 정리하면 다음과 같다.

남경훈이 처음 전투에 참전한 것은 경주 선도산 전투였다. 1592년 5월 29일 제1차 문천회맹에 참가한 남경훈은 일주일 뒤인 6월 7일에 부친 남의록과 함께 경주성 초기 방어선인 선도산(무열왕릉 뒷산)으로 달려가 최봉천, 김난서, 김광복 등이 이끄는 의병군과, 남천에 진을 친 판관 박의장이 이끄는 관군과 더불어 울산에서 올라오는 왜적을 격파하고 400여 명을 참살하였다. 그러나 아군은 중과부적으로 경주성 수복의 꿈을 실현하지 못하고 많은 피해를 입은 채 물러나지 않을 수 없었다.

선도산 전투에 참전한 남경훈은 이틀 뒤인 6월 9일에 제2차 문천회맹에 참여하고 7월 27일에는 부친 남의록과 함께 영천성 수복을 위한 전투에 참전하였다. 남경훈의 두 번째 참전이다. 영천은 경주와 경산, 대구, 상주, 안동 등지로 연결되는 경상좌도의 교통요지로 전략적 중요성이 매우 높은 곳인데, 경주성이 함락된 다음 날 군수가 성을 비운 사이 왜군이 무혈점령하였다. 이에 전략 요충지인 영천성을 수복하기 위하여 영천 지역 의병뿐만 아니라 경주를 비롯한 각지의 의병들과 인근 지역 관군 등 4,000여 명이 연합하여 창의정용군倡義精勇軍을 편성하고, 영천의병 대장 권응수權應銖의 지휘 아래 치열한 전투를 벌여 마침내 영천성을 수복하였다. 이 전투에서 아군은 적 500여 명을 사살하고 군마 200여 필, 총통과 창검 900여 점을 노획하였으며, 적에게 붙들려 있던 양민 1,090여 명을 풀려나게 하였다. 그러나 아군의 피해도 적지 않아 83명이 전사하고 238명이 큰 부상을 입었다. 이 전투로 경주, 영천, 안동을 잇는 보급로가 차단되어 안동 이하 경상좌도에 머물고 있던 왜적들은 상주 지방으로 철수하였고, 영천의 병력을 경주로 후퇴시켰다. 영천성 전투의 승리와 복성은 임란 발발 후 아군의 가장 큰 반격이요 의병사에 빛나는 전과로서, 경상좌도의 수십 고을을 보존케 하고 경주성 수복의 전의를 다지는 계기가 되었다.

영천성을 수복하고 사기가 충천한 경상도 북부 지역의 의병들은 그 여세를 몰아 경주성으로 후퇴한 왜병을 몰아내고 경주성을 수복하기 위해 총력을 기울인다. 경주성 수복을 위한 전투는 8월 21일과 9월 8일 두 차례에 걸쳐 시도되었다.

안강에 주둔하고 있던 경상좌병사慶尙左兵使 박진朴晋과, 기계와 죽장에 진을 치고 있던 경주판관慶州判官 박의장朴毅長, 장기현감長鬐縣監 이수일李守一이 인근 각지에 흩어진 군사와 백성들을 수합하여 37,000여 명(50,000여 명이란 기록도 있다)의 병력으로 8월 20

일 야밤에 40리를 행군해서 8월 21일 새벽에 일제히 경주성을 공격하였다. 정오 무렵까지 치열하게 치러진 이 전투에서 아군은 왜군을 1,000여 명이나 사살하는 등 크게 승전하는 듯하였으나 언양에서 올라온 왜의 지원병이 매복해 있다가 배후를 습격하여 일순간에 전세가 역전되고 말았다. 아군의 피해도 막심하여 아군 주력군만 600여 명이 전사하여(아군 전사자가 2,000명에 이른다는 기록도 있다) 서천이 핏빛으로 물들었다고 한다. 이렇게 첫 번째 경주성 수복 전투는 참담한 패배로 끝났다. 남경훈은 이 전투에 부친 남의록과 함께 참전하였다.

첫 번째 경주성 수복 전투에서 참패한 아군은 경주판관 박의장의 지휘 아래 다시 경주성을 수복하기 위한 전투를 준비하였다. 작전상 안강으로 후퇴한 아군은 대규모 병력을 투입하기보다는 수시로 결사대를 파견하여 읍성을 공략하는 방식으로 전술을 수정하였다. 박의장은 결사대 1,000여 명을 선봉으로 삼고 경상좌병영 군사 4,000여 명으로 엄호하도록 하는 한편, 주변 봉수대에 봉화를 올려 수많은 군병이 호응하고 있는 것처럼 가장하였다. 결사대에는 경주와 울산 지역의 의병장들이 대거 참여하였다. 그리고 화공작전을 구사하여 여러 발의 비격진천뢰飛擊震天雷를 성안으로 발사하였다. 비격진천뢰는 경주 출신 군기시 화포장 이장손李長孫이 창안해 낸 것으로, 철원구鐵圓球 안에 화약과 철편을 섞어 넣어서 발사하면 5-6백보 날아가서 땅에 떨어지고 그 충격으로 한참 후 폭발하여 수십 명을 살상하는 신무기였다. 왜군의 방어도 만만치 않아 이 전투는 9월 7일 밤부터 이튿날 밤늦게까지 계속되었으나 신무기를 앞세운 아군의 공격에 마침내 왜군은 성을 버리고 울산 서생포와 부산으로 도주하였다. 임란 중 처음 모습을 드러낸 비격진천뢰가 승전에 결정적인 기여를 하였다. 성안에는 4만여 석의 곡식이 남아 있어서 군사와 백성을 배불리 먹일 수 있었다.

경주성 수복은 영천성 수복과 함께 임진란사에서 큰 의미를 갖는 일대 쾌거였다. 경주는 조선시대 진관체제鎭管體制하에서 영천, 울산, 언양, 양산, 기장, 동래, 장기, 영일, 흥해, 청하 등지를 관장하는 거진巨鎭으로서 경상도 동북부 지역의 요충지였는데, 경주성을 아군이 탈환함으로써 경주성에서 영천성으로 통하는 적의 후방 보급로를 아군이 장악하게 되고, 서생포로 퇴각한 왜군은 언양을 거쳐 부산으로 가는 길목을 차단당하여 해안을 멀리 돌아 낙동강 하구로 통해야만 하였다. 보급로와 통신망을 빼앗긴 경상도 동부 지역의 왜군은 경상도 내륙으로의 진출이 어려워지면서 이후 전쟁 수행에 큰 타격을 입었다. 남경훈은 두 번째 경주성 수복 전투에도 부친 남의록과 함께 참전하였다. 남의록은 이 전투에 참전하였을 뿐만 아니라 군량미 700석을 조달하여 승전에 크게 기여하였다.

경주성에서 패퇴한 왜군은 다시 경주성을 공격할 엄두를 내지 못하고 서생포에 머무르고 있었지만 수시로 경주성 주변을 기습하여 크고 작은 전투가 끊이지 않았다. 이 과정에서 남경훈은

1593년 4월 18일과 8월 6일에 부친 남의록과 함께 전투에 참여하였다.

경주성을 수복한 이듬해 2월 하순, 남경훈은 순찰사巡察使 한효순韓孝純의 통문을 받고 멀리 문경 당교까지 달려가 당교회맹에 참여하고 당교전투에 참전하였다. 당교는 경상도의 목구멍 같은 인후지지咽喉之地로서, 조령을 넘어 충주와 한양으로 통하는 길목에 해당하는 요충지였다. 왜군은 당교에 많은 병력을 주둔시키고 인근 지역을 노략질하고 있었다. 이에 안동에 머물고 있던 한효순은 당교의 왜군을 몰아내고 경상도 북부 지역의 적세를 차단할 목적으로 영남 각 지역의 의병들을 동원하고 경기 지역 의병까지 참여시키는 대규모 작전을 계획하였다. 경상좌병사 박진, 밀양부사 이수일, 비안현감 정대임, 양산군수 변몽용, 용궁현감 허응길 등도 군사를 이끌고 와서 의병과 합동작전을 전개하였다. 당교는 앞에 큰 강이 흘러 우리 군사가 진격하기에 어려움이 많았지만 10여 회에 걸친 격전 끝에 왜적을 격퇴하는 데 성공하였다. 이 전투에 남경훈은 영해 지역 의사 11명과 함께 참전하였다.

명과 왜의 강화교섭이 진행되고 전쟁이 교착상태에 빠져 있는 동안 일부 병력을 남겨 두고 철군하였던 왜가 강화교섭이 결렬되자 1597년(정유년) 정월에 5만의 병력을 동원하여 다시 조선을 침공하였다. 왜군은 부산에서 밀양을 거쳐 전주 쪽으로 진출하려고 하였다. 이에 조선 조정에서는 적군의 북진을 차단하기 위

임란호국영남충의단

하여 경상좌병사 곽재우로 하여금 창녕, 밀양, 영산, 현풍 등지의 군사와, 각지에서 모여든 백성과 의병들을 거느리고 화왕산성을 지키게 하였다. 왜군은 화왕산성을 점령하기 위하여 일주일 동안 산성을 포위하고 대치하다가, 지세가 험악하고 방어태세가 견고하여 쉽게 함락할 수 없다고 판단하여 공격을 포기하고 성을 우회하여 합천으로 향하였다. 화왕산성을 수성함으로써 많은 군사와 백성의 목숨을 건진 것은 물론이고 청야책으로 백성들이 들고 온 식량과 재산도 보호할 수 있었으며, 적이 전라도로 진출하려는 길을 차단하는 한편, 경상우도 침입을 저지하는 데 큰 몫을 하였다. 남경훈은 부친 남의록과 함께 화왕산성회맹에 참여하고 산성을 지키는 이 전투에도 참전하였다.

이처럼 남경훈은 임진란 7년 동안 여덟 차례의 회맹에 참여하고, 여덟 차례의 전투에 참전한 의인이었다. 이러한 공적으로 그는 각종 회맹록에 이름이 올라 있을 뿐만 아니라 경주 임란의사창의비壬亂義士倡義碑에 부친과 함께 기명되어 있고, 대구 망우공원에 있는 임란호국영남충의단壬亂護國嶺南忠義壇 감실에 부친과 함께 위패가 봉안되어 있다.

임진왜란 때 한두 곳 또는 한두 번 전투에 참전한 의병들도 그 공적으로 공신이 되고 음직蔭職으로 출사出仕하는 이들이 많았다. 남경훈도 임진왜란 7년 동안 죽음을 무릅쓰고 여러 차례의 전투에 몸소 참전한 공로로 공신록을 받아 음직으로 출사할 수 있었지만 모든 공을 아버지에게 돌리고 공신 녹훈을 사양하였다. 전쟁이 끝나고 학문 연구와 후학 지도에 전념하여 자력으로 향시에 장원하고 사마시에 응시하여 성균진사가 되었다. 부친 남의록은 전란 중의 참전과 군량미 조달에 크게 기여한 공적으로 선무원종공신宣武原從功臣 3등에 녹훈되고, 전후에 무과에 급제하여 조산대부朝散大夫 군기시판관軍器寺判官을 역임하였다.

남경훈이 참여한 회맹과 참전을 정리하면 다음과 같다.

1592년 음력 5월 29일: 제1차 문천회맹 참가
6월 7일: 제1차 경주 선도산 전투 참전(남의록 동참)
6월 9일: 제2차 문천회맹 참가
7월 27일: 영천성 복성 전투 참전(남의록 동참)
8월 20일: 제2차 경주성 복성 전투 참전(남의록 동참)
9월 8일: 제3차 경주성 수복 금장대전투 참전(남의록 동참)
1593년 음력 2월 21일: 문경 당교회맹 참가 및 당교전투 참전
4월 18일: 제4차 경주 전투 참전(남의록 동참)
8월 6일: 제5차 경주 전투 참전(남의록 동참)
1596년 음력 3월 3일: 제1차 팔공산회맹 참가
9월 15일: 팔공산 상암오회연구회맹 참가
9월 28일: 제2차 팔공산회맹 참가
1597년 음력 7월 15-21일: 화왕산성회맹 참가 및 산성 사수 전투 참전(남의록 동참)
1598년 음력 9월 22일(?): 제3차 팔공산회맹 참가

충·효·학의 고고한 선비:
난고 남경훈

6 아버지 대신 옥살이를 한 지극한 효심

남경훈은 어릴 때부터 부모에게 효도하고 어른을 공경하는 마음이 남달랐다. 어린 시절 처음 배움에 나아갈 때 『효경孝經』이 부모를 섬기는 바른 길이 된다는 것을 듣고 어른들에게 청하여 그 가르침을 가슴속에 깊이 새겨 간직하고 이를 실천하는 데 성심을 다하였다. 겨울에는 따뜻하게 해 드리고 여름에는 시원하게 해 드리며, 저녁에는 이부자리를 보살펴 드리고 아침에는 밤사이의 안부를 여쭙는 일을 하루도 거르지 않았다. 부모님이 병환을 앓기라도 하면 손수 약을 달이고 죽을 쑤었다. 지수篪叟 정규양鄭葵陽(1667–1732)이 찬한 「난고선생행장」에는 다음과 같은 이야기가 실려 있다.

일찍이 아버지 조산공이 병환 중에 계시면서 물고기를 드시고 싶어 하셨으나 구하지 못하였다. 경훈은 이때 모친 상중에 있었는데 "상주라고 어찌 망설이겠는가?"라고 하면서 그물을 가지고 개울에 가서 잉어를 잡아다 대접해 드렸더니 부친의 병환이 곧 안정되었다. 이 소문을 듣고 탄복하지 않는 사람이 없었다.

남경훈의 지극한 효심은 아버지 대신 옥살이를 한 일화에서 잘 드러난다. 1611년(광해군 3)은 전쟁이 끝난 지 10여 년이 지났지만 나라는 여전히 혼란스러웠고, 전쟁을 치르는 동안 농토는 피폐하여 백성들의 생활은 궁핍하기 짝이 없었다. 이러한 상황임에도 당시 영해부사 이돈李焞은 백성들을 보살피기는커녕 도리어 심하게 수탈하였다. 이를 참고 보지 못한 부친 남의록이 백성들을 규합하여 영해부 동헌으로 가서 영해부사와의 면담을 요청하고, 세금을 다시 조정할 것과 차후 이런 일이 재발하지 않도록 조처할 것을 강력히 요구하였다. 그러나 영해부사는 관원을 능멸한 죄와 불순한 무리들을 선동한 죄를 물어 남의록을 안동 감영으로 이송해서 감옥에 가두었다. 추운 겨울에 억울한 옥살이를 하게 된 것이다. 이에 격분한 남경훈은 순찰사에게 나아가 백성들의 궁핍한 생활상을 설명하고 부사의 학정을 조목조목 열거하면서 부친의 무죄 방면을 강력히 주창하였다. 아울러 임란공신이며 고령인 점을 들어 아버지를 대신하여 자신이 옥고를 치르겠다고 간청하였다. 순찰사의 허가를 얻어 남경훈은 부친 대신 감옥에서 그해 가을부터 이듬해 봄까지 옥고를 치렀다. 이 사건은 결국 무죄로 판명되어 영해부사는 파직되고 남경훈은 이듬해 봄에 풀려났으나, 한겨울 옥살이를 하면서 얻은 병으로 그해를 넘기지 못하고 음력 11월 10일에 생을 마감하였다. 41세의 젊은 나이에 부친보다 8년이나 먼저 세상을 떠나게 된 것이다. 이 사건은 백성의 편에 서서 불의에 항거한 남의록과, 지극한 효심을 행동으로 실천한 남경훈 부자의 의로운 삶을 잘 보여 주지만 참으로 가슴 아픈 일이 아닐 수 없다. 더구나 아들을 앞세운 어버이의 마음이 얼마나 참담하였을지는 불문가지일 것이다. 남의록은 이러한 참담한 마음을 담아 맏손자 남길南佶에게 다음과 같은 글을 전하였다.

아! 어찌 차마 말하리오. 지난 병오년(1606) 가을에 네 아비(남경훈南慶薰)가 사마시에 합격하여 마음속으로 영광스럽고 다행스럽게 여겼다. 지난 신해년(1611)에 내가 관가로부터 큰 재앙을 당하자 네 아비가 감영에 분주하게 다니면서 글을 올려 원통함을 하소연하였고, 게다가 내가 병들고 늙었다고 하여 풍설이 몰아치는 겨울에 나를 대신해 차가운 감옥에 갇혀 상심하고 근심하며 분노하다가 결국 병이 들어서 임자년(1612) 겨울에 마침내 돌이킬 수 없는 지경에 이르러 나보다 먼저 죽고 말았다. 원근에서 듣고 본 사람들이 모두 효성이 지극하고 순수하다고 하면서 공경하고 탄복하지 않는 이가 없었다.

애석하구나! 내가 쇠락한 가문의 복이 없는 사람으로서 매양 이 점을 생각할 때마다 쇠한 창자가 마디마디 끊어졌다. 이제 네가 장손으로서 겨우 스물셋의 나이에 또 사마시에 합격하여 아비의 자취를 이었으니, 인정과 의리가 소중한바 슬픔과 기쁨이 아울러 지극하여 이 글을 써서 보여 주노라.

「서시장손길書示長孫佶」

남경훈의 효심과 어른을 공경하는 마음은 부모에게 그치지 않고 집안 어른들과 이웃에까지 미치고 있다. 백부(남충록南忠錄)의 독자 경일慶一이 후사가 없자 차남 정侹을 출계하여 백부의 뒤를 잇게 하였다. 또 둘째 백부(남신록南信錄)가 일찍 세상을 떠나 뒤를 이을 사람이 없자(후에 인록仁錄의 차남 경발慶發로 계후) 홀로된 둘째 백모를 어머니 모시듯 지성으로 봉양하고, 돌아가셨을 때는 상례와 제례에 부족함이 없도록 정성을 다해 보살폈다.

어른을 공경하는 마음이 지극한 남경훈은 자식에게도 매우 자상한 아버지였던 것으로 보인다. 맏아들 길佶이 어려서부터 할머니의 사랑을 많이 받고 자랐는데 모친(길의 조모)의 상을 당한 뒤 주자의 「훈자십첩訓子十帖」을 손수 써서 주면서 외우고 익히게 하였고, 또 옛 성현들의 출처를 기록하여 주면서 "이것은 책을 읽을 때 마땅히 먼저 알아야만 하는 것이다."라며 자상하게 배움의 길을 인도하였다.

남경훈이 아들 길에게 남긴 다음의 글에서 자식을 향한 아버지의 따뜻한 정을 느낄 수 있다.

> 나는 독자로서 일찍이 어머니를 여의고 외로이 홀로 빈소를 지켰다. 곁에는 도와줄 형제가 없고 아래로는 장성한 자질子姪조차 없어서 밤낮으로 혼자 있었다. 그때 더없이 비통했던 마음을 누가 알겠느냐. 네 나이 이제 여덟으로 아버지를 알아 응대하고 주선함에 잠시도 떠나지 않으니, 송아지를 핥는 어미 소처럼 자식을 생각하는 마음이 진실로 이미 깊구나. 또한 너는 성품이 총명하고 민첩하여 이미 외우고 익힐 줄 알아 글 읽는 소리가 이따

금 나의 슬픔을 달래 주었다.

아! 나의 고조부 이하로 친족이 얼마나 되더냐. 다행히도 내가 지금 아들 셋을 낳아 집안의 다행스러움을 이미 말로 표현하기 어렵구나. 너는 맏이로 태어나 실로 나의 몸을 이어 내 제사를 주관할 몸이니, 또 다행 중 무겁고 큰 일이 아니더냐. 어머니가 살아 계실 때 매양 너를 불러 어루만지고 쓰다듬은 것이 다른 손자들보다 배가 되었는데, 너는 그때 아직 어렸으니 기억할지 모르겠구나.

지난밤에 너를 안고 홀로 누워 생각에 잠겨 오열하느라 새벽까지 잠을 이루지 못했고, 아침 일찍 일어나 조곡朝哭을 마친 뒤 밤중의 슬픈 감회를 대략 서술하여 너에게 주노라. 바라건대 너희들은 효제孝悌를 근본으로 삼아 몸가짐을 조심하고 행실을 닦아 훗날에 성취하여 너희를 낳아 준 조상을 욕되게 하지 말거라. 이 글을 펴서 읽어 보면 필시 네 아비가 이날 홀로 거적자리와 흙 베개에 거처하며 써서 너희에게 주는 마음을 알 것이다.

너희들은 힘쓰거라.

「서시장아태산(길)書示長兒太山(佶)」

애틋하고 사랑스러운 부정父情이 줄줄이 배어나는 문장이다. 곧고 강직한 선비의 풍모 속에 봄바람처럼 따스하고 포근한 아버지의 마음이 자리하고 있다. 전통사회의 선비나 유학자는 자식들에게 으레 엄격하고 딱딱할 것이란 우리 사회의 통념을 뛰어넘는 남경훈의 또 다른 면모를 잘 보여 준다.

충·효·학의 고고한 선비:
난고 남경훈

7 충절과 효행과 학덕을 기려 불천위로 모시다

남경훈의 짧은 생애는 후손들과 후학들에게 가슴 저미는 아픔을 주었지만 그가 남긴 업적과 삶의 궤적은 우리에게 많은 교훈을 준다. 남경훈은 일찍이 아버지로부터 가학을 전수받아 오로지 학문의 깊이를 더하는 삶을 살고자 하였으나, 약관의 나이에 국난을 당하여 일신의 안위를 돌보지 않고 나라를 구하기 위해 수많은 전장을 누볐으며, 수령의 학정을 탄핵하다가 억울하게 투옥된 아버지를 대신하여 옥살이를 하다가 병을 얻어 41세의 젊은 나이에 생을 마감하였다. 그럼에도 쉬지 않고 학문에 정진하여 인간의 본마음을 바로 세우는 위기지학爲己之學을 학문의 기본으로 삼아 이를 실천궁행實踐躬行함으로써 많은 제자를 양성하고 참스승의 사표가 되었다.

지역 유림에서는 이러한 남경훈의 행의와 학덕을 높이 기리고 후세에 영구히 전하기 위하여 그를 불천위로 모시게 하였다. 불천위로 모시기 위해 자료를 모으고, 포증褒贈을 청하는 소를 상신하고, 유림에 통문하여 동의를 구하는 등의 일에 7대 종손 남두양南斗陽(1747–1811)이 헌신적으로 노력하였다.

불천위不遷位란 나라에 큰 공을 세우거나 학문적으로 큰 업적을 남기고 죽은 사람의 신주를 4대봉사가 지난 뒤에도 조매祧埋(신주를 묻음)하지 않고 사당에 영구히 모시고 자자손손 제사를 받들도록 나라에서 허락한 신위를 말한다. 불천위를 모시는 방법은 크게 두 가지가 있다. 나라에 큰 공이 있는 인물을 조정에서 공의하여 왕명으로 내리는 국불천위國不遷位가 있고, 조정에 출사하여 큰 벼슬을 하지는 않았지만 향리에서 학문에 정진하여 큰 업적을 남기거나 많은 제자를 양성한 인물을 지역 유림에서 공의하여 예조의 승인을 얻어 모시는 향불천위鄕不遷位 또는 유림불천위儒林不遷位가 있다. 조상을 불천위로 모시게 되면 후손들은 가문의 큰 영광으로 삼는다.

남경훈을 불천위로 모시게 된 공적은 크게 세 가지로 요약할 수 있다.

첫째는 나라에 충성한 공적이다. 그는 국난을 당하여 창의 거병하였고 영해 의병장으로 여덟 차례의 회맹에 참여하고 여덟 차례의 전투에 참전하여 나라를 위기에서 구출하는 데 크게 공헌하였다.

광산서원경덕사유지 표석

둘째는 부모에 효도한 유덕이다. 남경훈은 평소에도 부모를 극진히 모시고 이웃을 공경하는 삶을 살았지만, 영해부사의 학정을 탄핵하다 억울하게 옥에 갇힌 아버지를 대신해서 추운 겨울에 옥살이를 하고 이로 인해 얻은 병으로 젊은 나이에 요절하여 효행의 모범을 보여 주었다.

셋째는 학문과 행의로 유림의 추앙을 받은 선비정신의 유덕이다. 그는 임란에 참전한 공적으로 공신에 녹훈되거나 음직으로 출사할 수도 있었으나 이를 사양하고 학문에 몰두하여 『사례해의四禮解義』 2책을 저술하고 많은 제자를 양성하였다. 위기지학을 근본으로 삼아 예를 실천궁행함으로써 이론의 탐구에만 그치지 않고 선비가 가야 할 바른 길을 가르친 참스승의 모습을 보여 주었다.

이러한 남경훈의 충성과 효행과 학덕을 높이 평가하여 사후 144년이 지난 1756년(영조 32)에 지역 유림에서 공의하여 불천위로 모시게 하고, 1804년에 광산서원光山書院과 경덕사景德祠를 세워 장남 남길南佶과 함께 배향하였다. 원구마을 영양남씨 가문의 크나큰 광영이라 하지 않을 수 없다. 그러나 광산서원과 경덕사는 1868년 대원군의 서원철폐령에 따라 훼철되고 말았다. 후손들은 그 재목을 옮겨 와 종택 옆에 난고정을 건축하였다. 서원이 훼철되고 100여 년이 흐르는 동안 서원과 사당이 있던 자리는 잡초가 무성해졌다. 이를 안타깝게 생각한 후손들은 1978년 서원의 옛터에 광산서원경덕사유지光山書院景德祠遺址라는 표석을 세워 난고의 유덕을 후세에 전하고 있다.

8 난고가 남긴 가훈

스스로를 경계하고 매사에 조신한 행동으로 일관한 남경훈의 삶의 태도는 정규양이 찬한 행장에 소상하게 기록되어 후손들에게 큰 교훈을 주고 있다. 후손들은 이 가르침을 살아가면서 지켜야 할 마음의 자세와 생활의 지침으로 삼고 있다. 난고문중에서는 이 말씀을 종훈宗訓으로 정하여 대대로 전하고 있다. 12대손 남훈南渾이 정리하여『난고남경훈선생蘭皐南慶薰先生』에 수록한 것을 이 자리에 옮긴다. 꼿꼿하고 단아한 선비의 숨결을 느낄 수 있을 것이다.

* 어버이에게 효도하며 자식 된 도리를 다하고,

* 자손들은 선조에 보답하고 종통을 중히 여겨라.

* 일상생활에서도 근본을 두터이 하고 직분을 다하는 것을 급선무로 하고,

* 행실을 조심하며 사람을 편하게 대하고 남의 장단점을 말하지 말며,

* 용모를 바르게 하고 절도를 지키며,

* 평소 검근儉勤하고 가례는 간소하게 하라.

* 책을 읽어 이를 분별하는 방책은 모두 스스로 터득하는 위기지학爲己之學을 근본으로 삼고,

* 공을 앞세우지 말며 칭찬을 부끄럽게 생각하라.

제3장

충효의 가학을 계승한 난고의 후손

난고 남경훈이 세상을 떠난 지 400여 년의 세월이 흘렀다. 그 동안 이 가문에는 선조의 유업을 이어받아 많은 인재가 배출되었다. 학문을 깊이 하되 벼슬에 연연하지 않았던 선조의 가르침을 충실히 따른 때문인가. 이 집안에는 환로宦路에 나아가 높은 벼슬을 한 선조는 많지 않지만 문행文行으로 이름을 남긴 학자가 많이 배출되었다. 남경훈 이후 9대손까지 한 대도 빠지지 않고 문과급제자 8명, 생원 13명, 진사 7명 등 총 28명이 대소과에 급제하였으며, 50여 명이 150여 책의 저술을 남겼다. 문과급제자가 한 명만 나와도 가문의 영광이라 하는데 하물며 여덟 명이나, 그것도 종가 8촌 이내의 당내에서 이토록 많은 인재가 배출되었으니 가히 청전세가靑氈世家라 찬탄하지 않을 수 없다. 청전세가란 유학에 뿌리를 두고 가학을 가업으로 이어 가는 집안을 일컫는 말이다.

남경훈은 길佶, 정侹, 숙俶 삼 형제를 두었는데 차남 정은 당숙 경일慶一 앞으로 출후出后하고, 길과 숙이 각각 아들 둘(尙周와 尙召, 尙圭와 尙復)을 두어 손자가 넷인 단출한 집안이었다. 그러나 네 손자가 각기 여러 명의 아들을 두어서 증손자가 무려 24명에 이르렀고, 이들이 모두 지역사회에서 명망 있는 인물로 성장하여 번성한 가문을 이루었다. 당시 영해 지역에서는 '대명천지大明天地'라는 말이 회자되고 있었다. 안동권씨 집안의 '대大'자 항렬을 가진 인물들과 영양남씨 집안의 '명明'자 항렬을 가진 인물들이 지역사회를 주름잡고 있다고 하여 세인들이 그렇게 불렀다. 더구나 장증손 노명老明과 노명의 넷째 아우 구명九明, 사촌 동생 하명夏明이 문과에 급제하여 가문에 광영을 더하였다. 이후에도 대·소과거에 입격하거나 지역사회에 문명을 떨친 학자를 다수 배출하여 난고 가문은 영해 지역사회에서 확고부동의 명문거족으로 우뚝 서게 되었다.

이렇게 자손이 번성하고 족세가 확장되자 점차 원구마을을 떠나 원근의 여러 지역으로 세거지가 확대되었다. 가까이는 이웃마을인 옥금, 창수면 가산, 축산면 칠성 등에 집성촌을 이루어 세거하고, 멀리는 경주, 영양, 순흥 등지로 이거하여 각 지역에서 명망 있는 가문으로 자리를 잡았다. 훌륭한 후손들이 수도 없이 많지만 그중 몇 분을 간략하게 소개한다.

충효의 가학을 계승한
난고의 후손

1 장남 안분당安分堂 남길南佶

남경훈의 장남 남길(1595~1654)은 자가 정경正卿이고 호가 안분당安分堂이다. 어머니는 재령이씨 첨정僉正 이준李濬의 딸이다. 어릴 때는 부친으로부터 글을 배웠으나 18세 되던 해에 부친이 돌아가셨다. 상을 마치자 일찍 아버지를 여의어 배울 기회를 놓친 것을 두려워하면서, 퇴계의 흔적이 많이 남아 있고 그의 제자들이 많이 살고 있는 선성宣城(현 안동 예안)에 거처를 마련하여 훌륭한 인물들과 강론하고 교유하였다. 이때 죽계竹溪(순흥부의 다른 이름)에서 온 계서溪西 성이성成以性(1595~1664)과 지붕을 맞대고 살았다. 성이성은 1627년에 문과에 급제하여 사간원정언, 사헌부지평, 합천현감, 진주목사, 강계부사 등을 역임하였고, 여러 차례 암행어사를 다녀와 청백리에 녹선된 인물이다. 남길과는 동갑으로, 선성에서 만난 이후 막역지교를 나누는 사이가 되었다.

남길은 1617년에 성균진사에 입격하여 성균유생이 되었다. 이때 동방同榜 입격한 이영구李榮久가 주상이 문묘를 배알하는 날에 성균유생을 이끌고 인목대비의 폐비를 요청하는 집단 상소를 올리려는 계획을 은밀히 꾸미고 있었다. 이러한 움직임을 미리 간파한 남길은 이에 극력 반대하여 인목대비가 거처하는 서궁(현 덕수궁)으로 가서 사배하고, 막역지우인 성이성에게 자신의 심회를 밝힌 시를 전하고 한밤중에 홀연히 한강을 건너 낙향하였다. 안분당의 나이 23세 때의 일이다. 다음은 도성을 떠나기 전 성이성에게 남긴 시이다.

흰 눈이 어지럽게 내릴 기세라,	白雪調將亂
봄 날씨가 더욱 춥네.	青陽氣便寒
이 풍진 속에서 각자 몸조심하세나,	風塵須各保
세상일 원래부터 사단이 많다네.	世事自多端

그로부터 몇 년이 지난 1623년에 광해군을 축출한 인조반정이 일어났다. 인목대비의 폐비를 주창한 이영구의 집단 상소 사실이 알려지자 집단 상소에 이름이 오른 사람 전원을 처벌하라는 명이 내려졌다. 남길은 집단 상소하는 자리에 참석하지 않았지만 명단에 이름이 올라 있어서 처벌을 면할 수 없었다. 이에 지방의 향교와 서원에서 유림들이 남길의 집단 상소 불참 사실을 들어 처벌의 부당함을 주장하였고, 결국 참석자를 재조사한 끝에 남

길의 불참 사실과 성이성에게 보낸 이별시가 확인되어 누명을 벗을 수 있었다. 이후 남길은 과거 응시와 출사의 뜻을 거두었다. 혹 주위에서 과거나 벼슬길을 권하는 이가 있으면 "과거는 사람을 잡는 함정이다. 내가 거의 함정에 빠질 뻔했는데 어찌 다시 그 길을 밟겠는가."라고 사양하면서 조용히 독서에 몰두하였다.

이처럼 안분당 남길은 그의 아호처럼 욕심을 버리고 안분지족하며, 대쪽같이 곧은 선비의 길을 걸었다. 부친 남경훈과 조부 남의록이 남긴 유훈을 한순간도 잊지 않고 실천한 것이다. 그가 남긴 50여 수의 시편에 이러한 선비의 결기가 곳곳에서 묻어난다. 뭇 짐승들과 무리 지어 가지 않는 기린의 고고한 자태에 빗대어 자신의 심회를 읊은 「인불려행麟不侶行」에 이러한 삶의 철학이 잘 나타나고 있다.

…

뭇 짐승들 중에서 기린만은,	麒麟之於走獸
어찌 어울리지 않고 홀로 가나.	胡不侶而獨行
무리 중에서 뛰어나니,	出乎類而拔萃
밝고 밝은 영물임을 알아보겠네.	驗昭紹之爲靈
오행의 빼어난 기질 타고났으니,	挺五行之奇質
하늘이 기르는 짐승들 중 으뜸이네.	冠百獸之亭毒

…

어찌하여 기린의 덕이 이미 쇠했나,	何麟德之旣衰
다시 돌아오지 않아 탄식만 깊어지네.	歎徒深於不復
패거리 짓지 않고 크게 올바른 인물,	不群黨而大雅
이 시대에 나오기를 깊이 바라네.	深有望於今日

남길은 검소하고 소박한 삶을 살면서도 재리에 대해서는 담박하였다. 두 아우와 다섯 누이에게 재산을 나누어 주면서, 제사를 모시는 집이라 해서 한 터럭도 자신이 더 가지지 않고 모두 고르게 나누었다. 재산이 넉넉한 외가에서 뒤를 이을 후사가 없어 남은 재산을 나누어 주려고 하였지만 자신은 하나도 취하지 않고 모두 제사 모시는 자와 이모들에게 양보하였다.

이웃을 사랑하고 아랫사람을 아끼는 애민정신 또한 매우 깊었던 것으로 알려져 있다. 수확 철이 되어 농사지은 하인이 마당에 들여놓은 볏단 중에 빈 이삭이 많은 것을 보고 신씨부인이 조용히 말하자 "탓하지 마소. 하인들이 밤낮으로 수고했으니 비록 낟알을 따간 것이 과하더라도 우리가 먹을 것이 저들에 비해 여전히 많지 않소."라고 하였다. 이에 부인이 웃으면서 방으로 들어갔다고 한다. 조술도趙述道가 쓴 행장, 정범조丁範祖가 쓴 묘갈명, 이가환李家煥이 쓴 묘지명, 류치명柳致明이 쓴 묘지명, 현손 남대만南大萬이 쓴 유사에 모두 나오는 이야기이다.

낙향한 이후 남길은 오로지 학문 탐구와 후진 양성에만 전념하면서 연못을 메워 가묘를 세우고 1624년에 현재의 난고종택을 건립하였다. 지역 유림에서는 안분당의 절의와 높은 학덕을 기리기 위하여 광산서원光山書院과 경덕사景德祠를 건립하고 부친 남경훈과 함께 배향하였다.

『안분당유고安分堂遺稿』 1책이 『영산가학英山家學』과 『익양연방집益陽聯芳集』에 실려 있다.

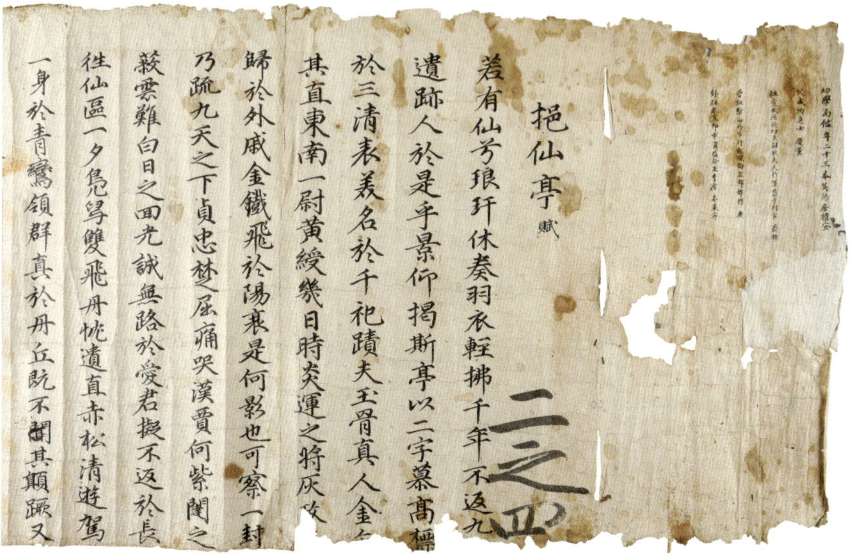

남길 시권(영양남씨 난고문중, 한국국학진흥원 제공)

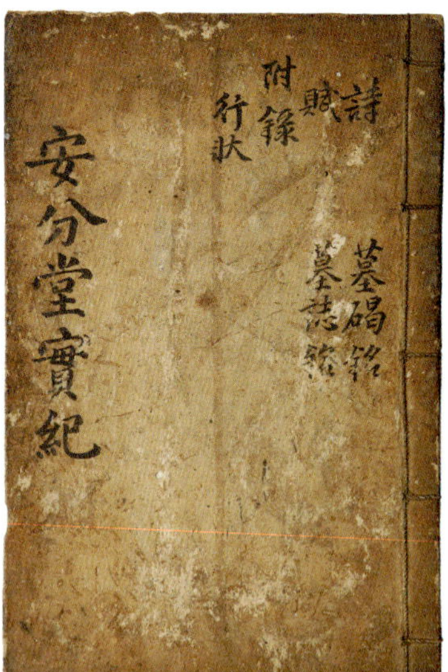

『안분당실기』(영양남씨 난고문중, 한국국학진흥원 제공)

충효의 가학을 계승한
난고의 후손

2 한마당에서 배출한 여덟 명의 문과급제자

1) 장증손 남노명南老明(1642-1721)

한계閑溪 남상주南尙周의 장남으로, 자는 태서台瑞이고 호는 만취헌晩翠軒이다. 1675년 생원 및 진사시에 동시 입격되었고, 1684년 식년시 문과에 급제하였다. 성균관전적成均館典籍, 병조兵曹 및 예조좌랑禮曹佐郎, 진주 병마절제도위兵馬節制都尉, 거창현감居昌縣監 등을 역임하였다. 남노명이 벼슬살이를 한 기간은 길지 않았지만 거창현감으로 재직하고 있을 때 선정을 베풀어 고을 사람들의 신망이 높았다. 1695년 거창에 극심한 가뭄이 들었을 때 '경내의 군자들이 곡식을 나누어 백성들을 구제하자'는 권분시

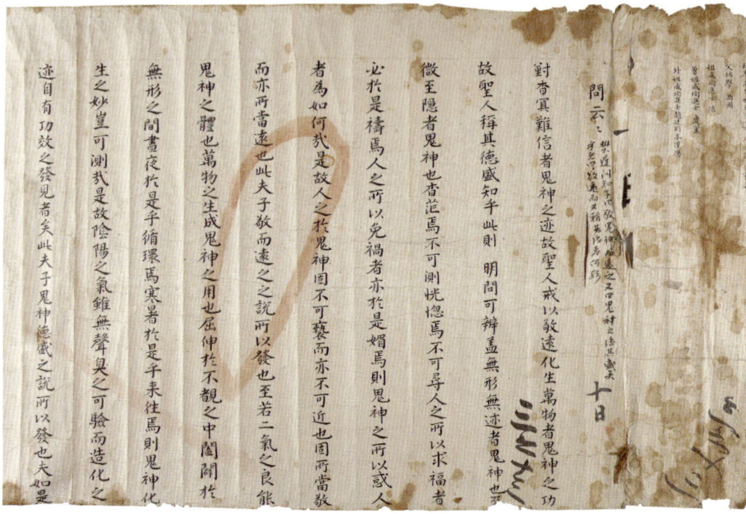
對杳冥難信者鬼神之迹故聖人戒以敬遠化生萬物者鬼神之功
故聖人稱其德盛知乎此則 明問可辨盖無形無迹者鬼神也至
微至隱者鬼神也杳茫焉不可測恍惚焉不可尋人之所以求福者
必於是禱焉人之所以免禍者亦於是媚焉則鬼神之所以惑人
者為如何哉是故人之於鬼神固不可褻而亦不可近也固所當敬
而亦所當遠也此夫子敬而遠之之說所以發也至若二氣之良能
鬼神之體也萬物之生成鬼神之用也屈伸於不覩之中闔闢於
無形之間晝夜於是乎循環焉寒暑於是乎來往焉則鬼神化
生之妙豈可測哉是故陰陽之氣雖無聲臭之可驗而造化之
迹自有功效之發見者矣此夫子鬼神德盛之說所以發也夫如是

남노명 시권(영양남씨 난고문중, 한국국학진흥원 제공)

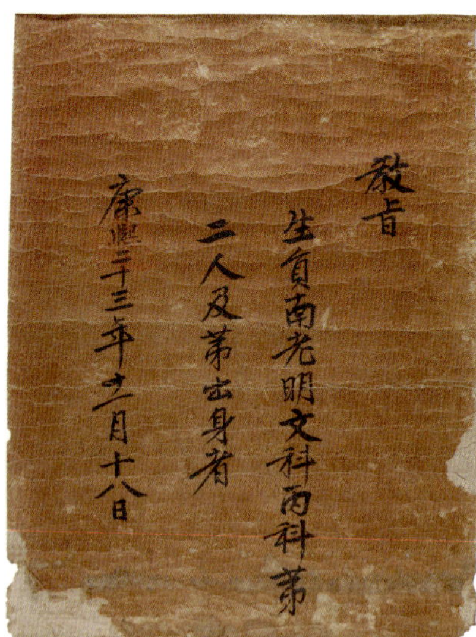
敎旨
生員南老明文科丙科第
二人及第出身者
康熙二十三年十二月十八日

남노명 홍패(영양남씨 난고문중, 한국국학진흥원 제공)

勸分詩를 지어 회람하자 백성들이 자발적으로 재물을 내어 구휼하는 풍속이 이루어졌다고 한다. 이 밖에도 흉년에 백성들의 삶을 걱정하는 시를 많이 남겼다. 그는 벼슬하는 동안 맡은 바 직무에 충실하였지만 성품이 세속적 명예와 지위에는 관심이 없고, 초야에 묻혀 술 마시고 시 짓는 삶을 늘 그리워하였다. 그래서 거창현감을 끝으로 시기와 견제가 난무하는 벼슬길을 버리고 고향에 돌아와 만취헌을 짓고, 만년에 바닷가로 돌아와 은거한다는 의미로 '해안만은海岸晩隱'이라는 편액을 걸어 학문 연찬과 후진 양성에 전념하였다. 이후 20여 년간 산수를 유람하며 여생을 보냈다.

300여 수의 시와 서간, 제문 등이 실려 있는 『만취헌유고晩翠軒遺稿』 2책이 『영산가학英山家學』과 『익양연방집益陽聯芳集』에 실려 있다.

2) 증손 남구명南九明(1661-1717)

남상주의 5남으로, 자는 기서箕瑞이고 호는 우암寓庵이다. 1687년 진사를 거쳐 1693년 식년시 문과에 급제하였다. 벼슬에 뜻이 없어 10여 년간 은거하다가 맏형 만취헌의 권유로 성균관전적成均館典籍을 지냈다. 1711년 과천현감果川縣監에 제수되었으나 모 재상이 트집을 잡자 벼슬을 버리고 낙향하였다. 이듬해에 제주판관濟州判官이 되어 쌀 700섬으로 도민을 구휼하자 임금이 통훈대부通訓大夫로 품계를 높여 주고 임기를 1년 더 연장해 주었다고 한다. 제주도민들은 죽림사竹林祠를 세워 그의 공덕을 기렸다. 1716년에 순천부사順天府使가 되어 재직 3개월 만에 균전을 공평히 하자 순천 부민들이 동비銅碑를 세워 은덕을 기렸다.

『우암집寓庵集』 3책이 『익양연방집益陽聯芳集』에 실려 있고, 제주도 민요를 한문으로 번역한 시는 국문학 연구에 좋은 자료가 되고 있다.

3) 증손 남하명南夏明(1658–1715)

성균진사 남상소南尚召의 장남으로, 자는 시서時瑞이다. 1683년 식년시 문과에 급제하여 성균관전적成均館典籍에 제수되었다. 유고가 『익양연방집益陽聯芳集』에 실려 있다.

4) 현손 남국한南國翰(1667–1730)

대계大溪 남두명南斗明의 차남으로, 자는 임중任重, 호는 와유헌臥遊軒이다. 1699년 식년시 문과에 장원으로 급제하였으나 시기하는 재상의 반대로 을과 제9인으로 강등되었다고 한다. 사헌부감찰司憲府監察, 성균관전적成均館典籍, 자인현감慈仁縣監을 지냈다. 『와유당일고臥遊堂逸稿』가 『익양연방집益陽聯芳集』에 실려 있다.

5) 5대손 남기만南基萬(1730-1796)

남국규南國珪의 독자로, 자는 백온白溫, 호는 묵산黙山이다. 생가 종조부 남제명南濟明과 숙부 남국주南國柱에게서 학문을 배우고, 1774년에 증광시 문과에 급제하여 승문원주서承文院注書, 성균관전적成均館典籍, 사헌부감찰司憲府監察, 사간원정언司諫院正言을 제수받았다. 생가로는 남경훈의 5대손으로 종손 남이만南履萬의 삼종제三從弟인데, 조부 남필명南弼明이 영해 입향조인 송정공松亭公 남수南須의 9대 종손으로 출계하여 양가養家로는 촌수가 멀어졌다. 『묵산집黙山集』이 『익양연방집益陽聯芳集』에 실려 있다.

6) 5대손 남제만南濟萬(1712-1746)

남국형南國衡의 4남으로, 자는 여겸汝兼이다. 1741년에 문과에 급제하여 승문원정자承文院正字로 근무하던 중 아버지의 병환을 간호하기 위해 휴가를 얻었는데, 자신이 병을 얻어 다시 조정에 나아가지 못하고 부친이 별세한 이듬해에 35세 나이로 사망하였다. 『정자공일고正字公逸稿』가 『익양연방집益陽聯芳集』에 실려 있다.

7) 6대손 남경희南景羲(1748-1812)

남용만南龍萬의 차남으로, 자는 중은仲殷이고 호는 치암癡庵이다. 1777년에 문과에 급제하여 승문원박사承文院博士, 성균관전적成均館典籍, 사헌부감찰司憲府監察, 병조좌랑兵曹佐郎, 사간원정언司諫院正言을 지냈다. 낙향 후 지연정사止淵精舍를 짓고 저술 활동과 후진 양성에 진력하여 당대 유림의 사표로 추앙받았다.

『치암선생문집癡庵先生文集』 12권 6책이 『익양연방집益陽聯芳集』에 실려 있다.

8) 6대손 남경룡南景龍(1725–1795)

남도만南圖萬의 장남으로, 자는 자첨子瞻이고 호는 소은小隱이다. 종증조 남제명에게서 학문을 배우고, 1783년에 문과에 급제하여 함경도도사咸鏡道都事와 전라도도사全羅道都事를 역임하였다. 『소은공유집小隱公遺集』이 『익양연방집益陽聯芳集』에 실려 있다.

3 가장 많은 저술을 남긴 시암時庵 남고南皐

남고(1807~1879)는 남경훈의 9대손으로, 초명은 택환宅煥이고 자는 중원仲元, 호는 시암時庵이다. 초호는 돈암遯庵이다. 남경훈의 8대 종손인 남유로南有魯(1770~1814)의 2남 1녀 중 차남으로 태어났다. 정재定齋 류치명柳致明의 문하에서 학문을 닦았는데, 정재가 그의 학문을 권면하며 지어 준 '좌우명발座右銘跋'을 평생 옷에 차고 다녔다고 한다. 남고는 덕성이 따뜻하고 순수하였으며, 견해가 정밀하고 몸가짐이 엄격하였다. 일찍이 제자들에게 "학문의 요체는 방심放心을 구하는 데 있으며, 학문의 실제는 언행을 삼가는 데 있다."라고 가르쳤다. 영해부사가 지조와 학행을 존경하여 천거하고자 하였으나 사양하고 대돈정사大遯精舍를 세워 오로

시암고택

지 학문 연구와 제자 양성에만 전념하여 남경훈의 후손 중에서 가장 많은 저술을 남겼다. 그가 남긴 저술로는 『논어집주고증論語集註考證』, 『효경연의孝經衍義』, 『곤면록困勉錄』, 『치평귀감治平龜鑑』, 『추원지追遠誌』 등 시문과 잡저가 30여 권에 이르며, 1900년에 『시암선생문집時庵先生文集』 15권 8책이 목판으로 간행되었다. 시암고택時庵故宅은 경상북도문화재자료 제576호로 지정되어 있으며, 2012년에 고서 209종 593책을 비롯한 고문서, 고서화 등 2,320점을 한국국학진흥원에 기탁하였다.

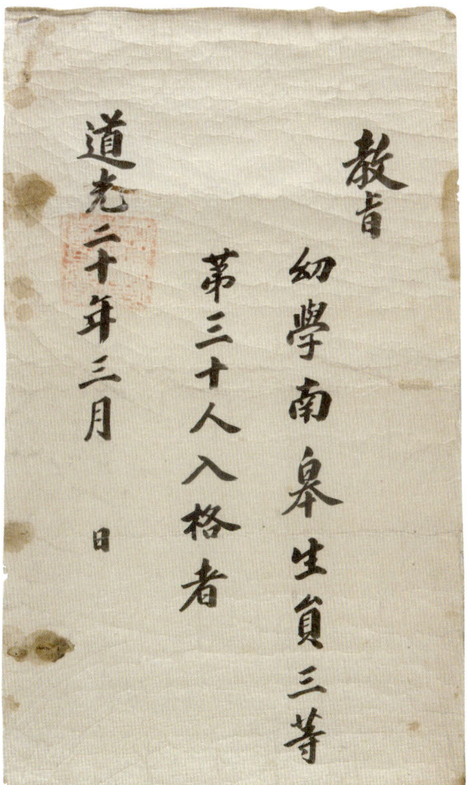

教旨
幼學南皐生員三等
第三十人入格者
道光二十年三月 日

남고 백패(영양남씨 난고문중, 한국국학진흥원 제공)

충효의 가학을 계승한
난고의 후손

4 선조들의 유묵을 집대성한 수헌修軒 남병모南秉模

남병모(1880–1938)는 남경훈의 13대 종손으로, 자는 건숙建叔, 호는 수헌修軒이다. 10살 때 아버지가 돌아가셔서 어린 동생들을 돌보며 재종증조부 남효술에게서 학문을 익혔다. 그는 특히 위선사업爲先事業에 적극적이어서 흩어져 있는 선조들의 유고와 유묵을 수합·정리하여 편찬하는 일을 필생의 과업으로 삼았다. 남경훈 이하 7대에 이르기까지 대소과에 급제한 24인의 시문을 모아 『익양연방집益陽聯芳集』을 편찬하고, 남의록 이후 역대 종손들의 유고집을 집대성하여 『영산가학英山家學』 11책을 편찬·간행하였다. 또한 난고종가 역대 종부들의 친정 세계도와 묘지명, 유사, 만사 등을 모아 『곤범세기壼範世紀』를 편찬하고, 남의록 이후

13대에 이르는 선조들의 유묵집 『가선세묵家先世墨』, 원구리 지리지인 『구봉지九峯志』를 편찬하여 어느 문중에서도 찾아볼 수 없는 난고문중 고유의 가보를 남겼다. 여러 곳에 흩어져 있던 증조부 남효원南孝源(1819-1890)의 유문을 모아 『영와집寧窩集』 5권 2책을 간행하고, 『영양남씨세보英陽南氏世譜』 10책의 간행을 주도하기도 하였다. 그가 남긴 280여 수의 시와 54통의 서간, 19편의 제문 등 방대한 분량의 글은 아들 남희태南熙泰가 수합·정리하여 『수헌유고修軒遺稿』(원래의 제목은 『가고家稿』이다) 3책으로 남겼다.

5 유적과 유물을 재정비한 만정晩庭 남응시南應時

난고문중에서는 1990년 이후 조상의 묘역을 정화하고 종택과 소장 고문서를 문화재로 등록하는 등 유적과 유물을 대대적으로 재정비하는 일련의 사업을 추진하였다. 이러한 사업들은 많은 종원들의 협력과 지원을 받아 이루어졌지만 그 중심에 종손 남응시(1922–2007)의 열성적인 노력이 있었기에 가능한 일이었다. 남응시는 남경훈의 15대 종손으로, 부친 남희태와 모친 여주이씨 사이에서 장남으로 태어났다. 자는 여중汝中, 호는 만정晩庭이다. 그는 태어나서 세상을 떠날 때까지 잠시도 종택을 비우지 않고 조상이 남긴 유적과 유물을 보존·관리하며 종가의 문화적 위상을 높이는 사업에 진력하였다. 6·25 전란 시에는 종택이 인민군

고 남응시 옹

야전병원으로 사용되었는데, 그 와중에도 수염을 길러 노인 행세를 하면서 종택과 유물을 지켰다. 전쟁의 소용돌이 속에서도 난고종가의 유물이 온전할 수 있었던 것은 이러한 노력의 결과이다.

1970년대 후반을 지나면서 우리 사회는 경제적으로 급격한 성장을 이루었고 문중 구성원들의 생활에도 여유가 생겼다. 이러한 때에 그는 종원들의 의사를 수렴하고 자금을 모금하여 그간 미루어 두었던 숙원 사업들을 하나하나 추진하기 시작하였다. 1978년에 광산서원과 경덕사의 옛터에 표석을 건립한 것을 필두로 2005년까지 남경훈 내외와 부모, 조부모, 손자 내외의 산소가 있는 진밭회전, 안분당 남길의 묘소가 있는 간화전, 남길의 배위와 차손자 남상소 내외, 장증손 남노명 내외의 산소가 있는 길골의 묘역에 상석, 둘레석, 문·무인석, 망두석, 장명등 등을 설치하고 비석을 개갈하는 정화 사업을 마무리하였다.

남응시는 종택과 유물을 영구적으로 보존하기 위한 대책에도 관심을 가져 관련기관을 수도 없이 찾아가 노력한 끝에 1982년에 종택을 경상북도중요민속자료 제29호로 등록하고, 『남종통기』를 비롯한 소장 문서 12점을 경상북도유형문화재 제148호로 등록하였다. 그리고 2006년에는 고서와 고문서 등 자료 2,770점을 한국국학진흥원에 기탁하였다. 이렇게 많은 사업을 의욕적으로 추진하였음에도 종택 보수와 난고정 복원 사업은 끝내 결실을 보지 못하고 2007년에 별세하였다.

그가 다하지 못한 사업들은 차종손 남석규가 이어받아 문중 부로父老들과 힘을 합하여 2011년에 난고정을 중건하고, 2015년에는 종택을 전면 보수하였다. 경상북도중요민속자료로 지정되었던 종택은 2012년에 국가민속문화재 제271호로 승격 지정되었다.

제4장

유업을 계승하기 위한 종가와 문중의 노력

특정 조상을 중심으로 형성되는 문중조직은 고조부를 공동으로 하는 당내집단堂內集團을 기초로 하여 형성된다. 당내집단은 직계와 방계에 관계없이 함께 제사에 참여하며, 모든 종족 성원들이 대소사에 긴밀하게 협동함으로써 하나의 가족이라는 의식이 매우 강하다. '집안' 혹은 '당내'라는 말이 이 범위에서 주로 사용되는 이유도 여기에 있다. 종손宗孫의 존재가 뚜렷하며 문장門長이 가부장적 권위를 가지고 종족 성원들을 통솔한다.

당내집단은 8촌 이내의 가까운 혈족들이 하나의 가족이라는 의식 밑에 긴밀하게 결합되어 있고 주요한 행사인 제사를 종손의 재산으로 충당하기 때문에 구체적인 조직을 결성해야 할 필요성이 그렇게 크지 않다. 공식적인 조직보다는 대체로 종손 혹은 문장을 중심으로 하여 집안 어른들이 비공식적인 논의 과정을 통해 대소사를 운영한다.

그러나 4대봉사의 원칙에 따라 기제사와 차례는 고조부까지만 봉행하기 때문에 점차 세대가 거듭되면 더 이상 기제사를 모시지 못하고 묘제로 천제遷祭해야 하는 조상이 생겨나게 된다. 이때 5대조 이상의 조상 묘소를 관리하고 묘제를 봉행하기 위해 직계 자손들이 별도의 재산을 마련하고 이를 관리하기 위한 조직을 형성한다. 이러한 조직을 흔히 족계族契, 혹은 문계門契, 종계宗契라 부르는데, 이들이 성장하여 공식적인 종족조직으로 확장된다는 점에서 족계나 종계는 종족조직의 맹아萌芽라 할 수 있다. 집안에 따라서는 족계에 고유한 명칭을 부여하기도 한다.

세대가 거듭되어 자손의 수가 늘어나고 제사의 대상이 되는 조상의 수도 증가하게 되면 족계나 문계는 점차 문회門會, 종회宗會 혹은 문중門中, 종중宗中이라는 공식적인 종족조직으로 발전하게 된다. 종손과 문장 이외에 각기 역할을 나누어 맡는 유사有司를 두어 실무를 담당케 하고, 조상의 서차에 따라 여러 층위의 조직이 결성되면 대종회大宗會, 소종중小宗中, 사종중私宗中 등으로 구분하기도 한다. 이러한 종족조직들은 특정 조상의 직계 자손들이 성원권을 가지고 각종 행사에 의무적으로 참여하기 때문에 철저한 계보조직系譜組織의 특성을 가진다.

이와는 달리 조상의 계보에 관계없이 특정 지역에 거주하는 종족 성원들을 구성원으로 하는 지역조직地域組織도 존재한다. 흔히 화수회花樹會라 부르는 이 지역조직은 인구 이동이 증가한 이후에 도시를 중심으로 등장한 것으로, 종족마을(집성촌)을 떠나 생활하게 되는 동일 지역 거주자들이 혈연적 유대를 강화하기 위해 결성한 것이다. 특정 조상의 자손들로 구성된다 하더라도 그 조상의 모든 자손들이 자동적으로 성원권을 가지고 의무적으로 참여하는 것이 아니라 그 자손들 중에서 특정 지역에 거주하는 자들로만 구성되며, 의무적 참여라기보다는 임의적·선택적으로 참여하여 친목을 다지는 경향이 강하다는 점에서 계보조직과는 성격이 다르다고 할 수 있다.

문중조직의 구성 양태나 운영 양상은 종족집단에 따라서 차이가 크다. 종족 결합의 일차적 구심점 역할을 하는 종손이 문중

조직의 운영을 주도하고 문장의 존재가 미미한 종족집단이 있는가 하면, 반대로 종손의 역할이 미미하고 문장이 문중조직을 주도적으로 운영하는 경우도 있다. 또 문중의 중요한 의사결정이 비공식적인 장로집단(문중 어른들)에 의해 이루어지는 경우가 있는가 하면, 각 계보에서 추천된 인물들로 대종회, 위원회 등의 공식조직을 구성해서 의사를 결정하는 형태도 존재한다. 또 특정 조상의 모든 자손들을 망라하는 문중조직 내부에 특정한 기능을 수행하기 위한 여러 개의 목적조직을 구성하여 운영하기도 한다.

원구마을 영양남씨들이 조상의 유덕을 기리고 종족 성원의 결속을 다지기 위해 결성한 조직으로는 광산소光山所, 동원계同源稧, 광산회光山會, 노인소老人所, 송계松契 등을 들 수 있다. 소所는 조상의 묘소나 재실 등의 시설물을 말하기도 하고 동시에 이 시설물의 관리와 각종 행사를 위해 재산을 마련하고 운용하는 조직을 의미하기도 한다.

유업을 계승하기 위한
종가와 문중의 노력

1 광산소光山所와 동원계同源稧

광산소는 광산서원의 옛터[遺址]를 의미하기도 하지만 이를 중심으로 모인 조직을 의미하기도 한다. 광산서원은 남경훈의 충절과 효행, 학덕을 기리기 위하여 1804년에 지역 유림의 공의로 건립한 서원으로, 난고 남경훈과 안분당 남길 부자를 배향하였는데 1868년 대원군의 서원철폐 시 훼철되었다. 이에 후손들은 난고 부자의 학덕을 기리고 광산서원의 설립 정신을 계승하기 위하여 광산소를 설립하였다. 광산소는 광산서원 철폐 시에 설립되었을 것으로 추정하는 이도 있지만 1916년에 설립된 것으로 전해지고 있다.

광산소의 재산으로는 약 1,000평의 밭과 3필지의 대지垈地가 있다. 이 토지에서 나오는 임대료로 연 1회(날짜는 적의한 날로 선정)

개최하는 총회(취회聚會라고 한다) 경비를 충당하고 난고의 불천위 대제 경비 일부를 지원하고 있다. 이 총회에서 일 년 동안의 운영 상황을 보고받고 유사를 선임한다.

선조의 유덕을 기리기 위한 광산소가 재원 부족으로 활동이 위축되자 이를 극복하기 위하여 난고의 후손들이 조직한 것이 동원계이다. 1952년 창립총회 시에 채택한 계칙稧則의 전문에 "만파동원萬派同源 백세일본百世一本인 동족의 후의를 영구히 인식하고 추원보본追遠報本 합족친목合族親睦을 각자의 의무로 적극 실천하자는 취지하에서 우리 동원계를 조직한다."라고 설립 취지가 설명되어 있다. 일반적으로 종족조직이 추구하고 있는 두 가지 목적, 즉 조상을 섬기고 종족 성원들의 결속을 다지는 숭조돈목崇祖敦睦을 동원계에서도 근본 목적으로 설정하고 있는 것이다.

이러한 근본 목적과 더불어 동원계에서는 종족 성원들의 교화에도 특별한 관심을 기울여 계칙 제6조에 다음과 같은 의무를 준수·이행할 것을 규정하고 있다.

① 도의도식徒衣徒食의 폐습을 제각除却하고 실업實業에 면려하여 자작자급自作自給의 미풍을 양성하고 질소質素를 주로 할 것.

② 자선사업을 실천 장려하기 위하여 환난 구조를 특히 실천할 것.

③ 우리 인류의 사회도덕을 찬양 모방하기 위하여 다음과 같이 옛적 여씨향약呂氏鄕約의 몇 조를 인용 등서謄書한다.

덕업상권德業相勸　견선필행見善必行　문과필개聞過必改
능사부형能事父兄　능교자제能敎子弟　능광시혜能廣施惠
능구환난能救患難　능해투쟁能解鬪爭　능결시비能決是非

많은 문중조직이 숭조보종崇祖補宗과 합족돈목合族敦睦을 중요 목적으로 설정하면서 종족 성원들의 교화와 후세 교육을 강조하고 있지만 대체로 선언적 표현에 그치고 마는 데 비해 동원계에서는 이를 구체적으로 명문화하고 있다는 점에서 이례적인 모습이라 하지 않을 수 없다.

그런데 이 동원계 조직은 문중조직의 모습을 띠고 있지만 다소 독특한 양상을 보인다.

첫째, 계칙 제2조에 "본 계는 남씨위성자南氏爲姓者로서 조직한다."라고 규정하여 난고의 후손들이 모두 성원이 될 자격이 있는 것으로 보이지만 제16조에 벼 1말(고두 5되)과 현금 1,000환을 출자하고 입계원서를 제출할 것을 요구하여 임의 가입 형태를 취하고 있다. 특정 조상의 모든 후손들이 자동적으로 성원권을 획득하고 의무적으로 참여해야 하는 계보 중심의 문중조직과는 상이한 모습이다. 동원계 계안의 좌목에 따르면 1952년 창립 당시에 63명의 계원으로 출발하였으나 그 후 12명이 추가로 가입하여 2011년 현재 총 75명으로 구성되어 있다.

둘째, 계원의 거주지역에 따라 계원의 권리에 차등을 두고 있다. 계칙 제15조에 "본 계원은 결의권, 선거권, 피선거권을 가지되 원구동 이외의 지역에 거주하는 계원은 피선거권을 가질 수 없다. 단 원영해(영해면, 축산면, 창수면, 병곡면)에 거주하는 계원에 한해서는 계원의 총의에 의해 임원에 취임할 수 있다."라고 규정하여 원구동 또는 원영해 거주자를 중심으로 운영할 것을 밝히고 있다. 종

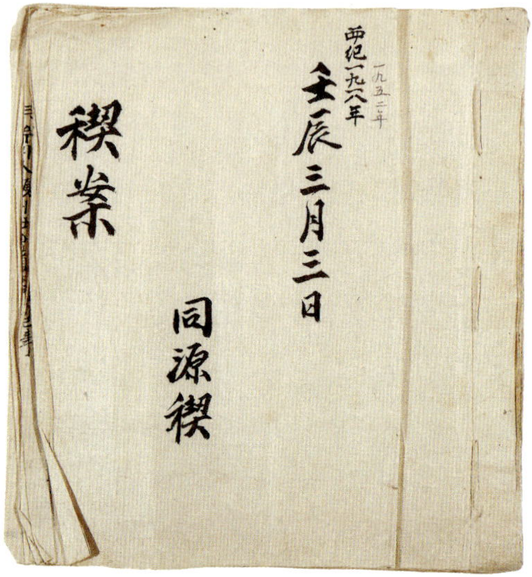

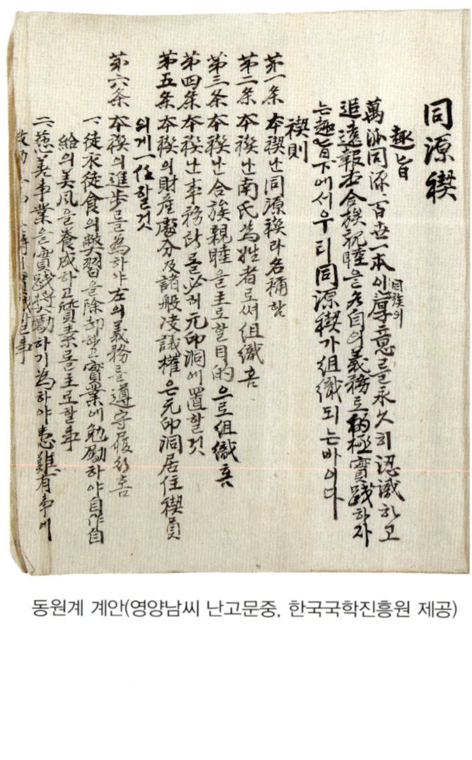

동원계 계안(영양남씨 난고문중, 한국국학진흥원 제공)

족마을을 기반으로 종사에 관심이 많은 인물들이 모여 문중활동을 활성화해 보자는 의지의 표현으로 보인다.

셋째, 계원의 권리를 장자 혹은 가계계승자에 한하여 상속 또는 양도할 수 있게 함으로써(제22조) 차남 이하의 지차들이 참여할 수 있는 통로를 제한하고 있다. 계원 증가를 통한 조직의 확대보다는 뜻있는 소수의 인물을 중심으로 종족활동의 구심체를 형성하고자 한 것으로 보인다.

이처럼 동원계는 특정 조상의 모든 자손들이 자동적으로 참여하는 계보조직도 아니고 계보에 관계없이 특정 지역에 거주하는 모든 종족 성원들에게 가입이 개방되어 있는 지역조직도 아닌 독특한 성격을 지니고 있다. 광산소의 활동이 매우 침체된 상황에서 문중 일에 관심이 많은 소수자를 중심으로 종족활동을 활성화하고 활동의 구심체를 구축하기 위한 시도로 이해된다.

동원계의 주요 사업은 음력 정월 보름날 마을의 족친과 인근 마을의 영양남씨들을 초청하여 점심식사와 저녁식사를 대접하고 하루 종일 화합을 위한 잔치를 벌이는 것이었다. 이때는 출가한 딸네들도 많이 참가하였다. 참가 인원이 많을 때는 200-300명 이상이 모일 정도로 큰 행사였다. 남녀가 유별한 시대였지만 동원계의 모임날에는 남녀노소가 다 함께 새벽닭이 울 때까지 윷놀이 등 여러 가지 놀이를 즐겼다고 한다. 이 행사에 소요되는 경비는 계원 가입 시에 납부하는 출자금을 기금으로 하여 계원들에게 돈을 대부해 주고 받은 이자로 충당하였지만 이것만으로는 턱없이 부족하여 종족 성원의 각 집에서 쌀과 술을 부조해서 행사를 치렀다. 음력 3월 3일에는 임원들이 모여서 결산 보고, 사업계획, 임원 선임 등을 논의하고 문서를 작성하였다.

그러나 마을에 거주하던 종족 성원들이 많이 떠나고, 기금을 대부하는 계원도 줄어들어서 정월 보름에 행하던 행사도 더 이상 지속하기 어렵게 되었다. 최근에는 음력 3월 3일에 20명 전후의 노인들이 모이는 총회에서 문서를 작성하고 점심식사를 함께하는 정도로 활동이 위축되고 말았다. 현재 동원계에는 논 200평과 약간의 현금이 기금으로 남아 있다.

유업을 계승하기 위한
종가와 문중의 노력

2 광산회光山會

현재 원구마을 영양남씨의 문중조직으로서 활발하게 활동하고 있는 조직은 광산회이다. 광산회는 광산서원의 정신을 계승한 광산소와는 별개의 조직이다.

1992년에 조직한 광산회는 1978년에 결성한 광산화수회를 모태로 한다. 1804년에 건립된 광산서원이 1868년에 대원군에 의해 훼철되고 그 터는 잡초만 무성하게 되었는데, 이를 안타깝게 여긴 후손들이 1978년 음력 4월 8일에 광산서원경덕사유지光山書院景德祠遺址 표석을 세우고 이 자리에서 광산화수회를 결성하였다. 이후 매년 음력 4월 8일에 회집하여 간단히 제향을 올리고 선조를 추모, 음복하였다.

화수회花樹會라는 용어는 일정한 지역에 거주하는 족친들의 친목을 위해 구성하는 지역조직을 의미하는 용어로 흔히 사용되는데, 경우에 따라서는 문회門會, 종회宗會 등과 함께 종족조직 자체를 의미하는 용어로 사용되기도 한다. 광산화수회는 이러한 용례에 구애받지 않고 단순히 종친들의 모임이라는 의미로 사용된 듯하다.

1990년대 들어서 광산서원을 기념하고 선조를 추모하는 활동을 넘어서서 종족 성원들의 결속과 후손의 성장·발전을 도모하기 위한 보다 적극적인 활동을 전개하자는 논의가 대두되어 1992년에 광산화수회의 명칭을 변경하여 영양남씨광산회로 재창립하였다. 광산회 창립의 원래 목적은 후손 육영을 위한 장학재단을 설립하는 것이었으나 장학재단을 설립하려면 1억 원 이상의 기금이 필요할 뿐만 아니라 장학금 지급 대상이 특정 종족의 성원들로만 한정되어서는 재단법인의 설립 요건에 맞지 않는다고 하여 재단 설립을 보류하고 광산회로 활동하기로 하였다고 한다.

광산회의 주요 활동은 크게 세 가지로 요약할 수 있다. 첫째는 숭조보종崇祖補宗 사업이다. 난고 선조를 경모하고 종택을 수호·보존하는 일이다. 둘째는 종족 성원들의 결속을 다지는 친목활동이다. 광산회 총회 시에 회연을 베풀고 모든 종원들이 함께 즐기는 것이다. 셋째는 후손을 위한 육영 사업으로, 대학에 진학하는 자제들에게 경제적 지원을 하는 장학 사업이다. 이 중에서 광산회가 중점을 두고 있는 것은 친목활동과 장학 사업이다.

광산회의 총회는 매년 5월 첫째 일요일에 난고종택에서 개최한다. 100-150명 정도가 참집하여 성황을 이룬다. 연중 가장 많은 종원들이 참여하는 가장 대표적인 문중행사가 되었다.

2011년 5월 1일 정기총회에서 보고된 바에 따르면 광산회는 1억 5천만 원의 장학기금을 보유하고 있다. 이 기금은 회원들의 성금으로 조성된 것이며, 이 기금의 정기예금 이자로 장학금을 지급한다. 총회 경비와 경상운영비는 총회에 참가하는 회원들의 회비와 이사회비 및 기타 성금으로 충당한다.

유업을 계승하기 위한
종가와 문중의 노력

3 노인소老人所와 송계松契

노인소는 원구마을 영양남씨 문중의 경로조직이다. 영해 지역에는 마을마다 문중별로 노인소를 운영하는 전통이 있다. 50세 이상의 노인들을 대상으로 하는 이 노인소는 대한노인회 산하의 공조직인 노인회와는 별개의 문중조직이다. 일 년에 한두 차례 문중의 노인들을 초대하여 식사를 대접하고 때로는 외지에 관광을 보내 드리기도 한다. 원구마을에는 영양남씨뿐만 아니라 무안박씨와 대흥백씨 문중에서도 각기 노인소를 운영하고 있다. 마을에 거주자가 많을 때는 활동이 매우 활발하였으나 현재는 대한노인회 산하의 노인회가 마을마다 조직되어 있어서 노인소 활동이 미미한 상태이다. 별도의 재산을 마련하고 있지는 않으나 마을에 거주하는 회원들이 자유의사에 따라 출연하여 기금을 마련하고 경비에 충당하고 있다. 2011년 현재 약 100만 원의 기금을 보유하고 있다.

송계는 원래 삼림의 보호와 이용을 목적으로 하는 마을 단위 혹은 지역 단위 조직으로 볼 수 있지만 묘소와 선영의 보호를 위한 족계의 일종으로 나타나기도 한다.

원구마을의 송계는 문중별로 조직되어 있다. 영양남씨뿐만 아니라 이 마을에 세거하고 있는 무안박씨와 대흥백씨 문중에도 송계가 조직되어 있다. 공동의 임야를 마련하여 임산자원을 채취하고 사유 임야가 없는 계원들에게 묘지를 제공하기도 한다. 송계는 문중별로 조직되어 임야의 소유권도 문중 공유로 되어 있지만 종족 성원들과 신분적으로나 경제적으로 연고(예: 지주소작관계)가 있는 타성에게도 가입을 허락하여 지상물의 이용을 허용하고 있다. 문중의 송계에 타성의 참여를 제한적이나마 허용하는 것은 양자의 필요성이 서로 합치된 결과로 보인다. 송계의 주체가 되는 문중 입장에서는 타성들의 노동력을 활용할 수가 있고, 임야를 소유하지 못한 타성들의 입장에서는 연료를 채취하거나 묘지를 확보할 수 있는 이점이 있기 때문이다.

송계의 구성원이 상을 당하게 되면 모든 계원들이 동원되어서 상중의 제반사를 맡아서 수행한다. 송계에 가입되어 있는 타성들도 산역과 운구 등에 참여하여 장례조직의 성원이 된다. 즉 송계와 장례조직은 성원이 일치하는 것이다. 그래서 이 마을에서는 장례조직을 송계라 부르고 있다.

송계에 타성이 참여한다는 점에서 엄밀히 말하면 송계를 문중조직이라 할 수는 없다. 하지만 임야의 소유권 등을 문중이 가지고 있고 타성들에게는 단지 연료를 채취하거나 필요한 경우에 묘를 쓸 수 있도록 하는 등 참여를 극히 제한적으로 허용한다는 점에서 문중조직의 일환으로 간주하여도 무방하지 않을까 한다. 현재 영양남씨 송계는 약 10,000평의 임야를 소유하고 있다. 송계의 결성 시기에 대해서는 모두가 오래되었다고만 말할 뿐 구체적으로 아는 이가 아무도 없다.

유업을 계승하기 위한
종가와 문중의 노력

4 묘제 봉행과 묘역 정화 사업

원구마을 영양남씨 문중에서는 여느 문중과 마찬가지로 해마다 10월이면 5대 이상의 선대 조상에 대한 묘제를 봉행한다. 묘제 이외에 문중에서 크게 관심을 가지고 참여하는 행사로 불천위 대제가 있지만 제사 준비와 제의 진행을 종손이 중심이 되어 수행하고 있기 때문에 종가의 임무로 보아야 하지 않을까 한다.

묘제는 매년 음력 10월에 일요일을 택해 거행하는데 조상 묘소의 위치에 따라 당일 세 곳에서 차례대로 진행한다.

가장 먼저 묘제를 올리는 곳은 윗대 조상들의 묘소가 모여 있는 축산면 칠성리의 진밭소[泥田所]이다. 여기에는 남경훈의 조부모(南廣 夫婦), 부모(南義錄 夫婦), 남경훈 부부, 장손자(南尙周) 내의 묘소가 자리 잡고 있고 그 부근에 재실 이전재泥田齋가 위치하고 있다. 여러 대의 주요 조상 묘소가 모여 있어서 이곳을 진밭회전[泥田會奠]이라 부른다. 묘소는 같은 능선에 위로부터 난고 내외(합분), 부모(쌍분), 조부모(상하분), 장손자 내외(합분)의 순서로 모셔져 있고, 장손자 내외의 묘소 아래에 4개의 상석床石을 마련해 두고 있다. 이 상석에 제수를 진설하고 합동으로 묘제를 봉행하는데 삼헌과 독축은 따로따로 행하여 제일 윗세대인 남광南廣의 초헌은 남충록南忠祿의 종손이 하고, 남의록南義祿, 남경훈南慶薰, 남상주南尚周의 초헌은 난고의 종손이 한다.

남광의 장남 남충록과 그 후손들의 묘소는 다른 지역에 위치하고 있어서 묘제를 따로 봉행하지만 남광의 묘소가 진밭에 소재하고 있어 남충록의 후손들도 진밭회전의 묘제에 참여한다. 남충록의 후손들 입장에서 보면 계보상 남의록과 남경훈이 방조傍祖에 해당하지만 남충록의 독자 남경일南慶一이 후사가 없어 남경훈의 차자 남정南侹을 입양하여, 생가로 보면 남정의 후손들이 모두 난고의 후손이 되기 때문에 진밭회전의 묘제뿐만 아니라 난고의 불천위 대제 등 난고문중 행사에도 많이 참여하고 있다.

묘제의 제관은 해마다 다소 차이가 있지만 50명 내외가 참여한다. 대체로 60대 이상의 노인들이 다수를 점하고 젊은이들의 참여는 저조한 편이며, 노령층에서는 도포에 유건을 착용한 이들이 많다.

제수를 마련하는 경비는 진밭소에 마련해 둔 위토의 소출로 충당하며, 유사의 지휘를 받아 위토 경작자가 제수를 준비한다.

그런데 진밭회전에는 제일 위쪽에 남경훈 내외의 묘소가 자리 잡고 그 아래에 부모, 조부모의 묘소가 차례대로 위치하여 가계의 서차로 보면 묘소의 배치가 역장逆葬의 형국을 이루고 있다. 조상숭배의식이 강화되고 종족집단이 조직화된 조선 후기의 관념으로 보면 기피해야 할 특수한 장법이라 할 수도 있다. 그러나 항렬과 연령의 서차를 크게 중시하지 않았던 조선 중기까지는 명문가에서도 이러한 역장의 사례를 드물지 않게 찾아볼 수 있다. 율곡 이이 가문, 우암 송시열 가문, 우계 성혼 가문 등에서도 역장의 사례가 나타난다. 역장을 기피하는 의식이 확산된 조선 후기 이후에 와서 역장이 가능한 조건을 두고 여러 가지 설들을 제시하고 있지만 이는 이전에 시행된 역장을 합리화하기 위해 개발한 논리에 지나지 않는다. 조상숭배의식과 계보상의 서차를 크게 중시하지 않고 상황에 따라 음택의 위치를 선정했던 당시의 관습이 반영된 현상일 뿐, 결코 예에 벗어난 장법이라 할 수 없다.

진밭회전의 묘제를 봉행하고 음복이 끝나면 모두 다음 묘제 장소인 간화전間花田으로 이동한다. 간화전은 진밭에서 과히 멀지 않은 위치에 있는데 난고의 장남 남길南佶의 묘소가 있다. 남길의 배위의 묘소는 길골에 있다. 간화전 묘제의 제수는 간화전소의 위토에서 나온 소출로 충당한다.

간화전의 묘제가 끝나면 약 6km 떨어진 길골[道洞]로 이동하여 마지막 묘제를 봉행한다. 길골에는 남경훈의 장자인 남길의

진밭회전 묘제(2005)

진밭회전 묘제 제수 진설(2005)

배위와 차손자 남상소 내외, 그리고 장증손자 남노명 내외의 묘소가 있어서 이들을 대상으로 묘제를 봉행한다. 길골의 묘제가 끝나면 음복과 함께 참여 제관 일동이 점심식사를 한다. 길골 묘사의 제수와 점심식사는 길골소 위토의 소출로 제공한다.

조상의 제사를 봉행하는 일 이외에 종족집단 조직이 수행해야 할 중요한 기능이 조상의 묘소를 관리하고 수축하는 일이다. 원구마을 영양남씨 난고문중에서도 남경훈 내외분과 부모, 조부모, 장손자 내외분의 산소가 자리 잡고 있는 진밭회전의 묘소를 수축하고 각종 석물들을 개비하는 일이 오랜 숙원 사업이었다. 그러나 여러 차례 논의가 있었지만 재정 동원이 부진하여 제대로 성사되지 못하였다.

진밭회전에 대한 부분적인 정화 사업에 착수한 것은 1986년(병인년)이다. 남경훈 내외와 부모, 조부모, 그리고 손자 내외를 위한 상석 4좌를 묘역 아래에 나란히 설치하는 일이었다. 이 사업에 소요된 경비가 어느 정도인지는 알 수 없지만 경주 구어리의 종친 모임인 구어회九於會에서 경비 일체를 부담하였다. 같은 해에 진밭회전의 상석 설치와는 별도로 간화전에 있는 안분당 남길(난고의 장남)의 산소에 대한 정화 사업도 완수하였다. 안분당 묘소의 봉분 둘레석을 설치하고 상석을 개비하는 사업이었다. 이 사업에 대한 경비는 일본에 거주하고 있는 재일교포 종족원이 전액 부담하였다.

진밭회전의 정화 사업이 구체적으로 논의되기 시작한 것은 광산회가 창립된 1992년 이후의 일이다. 광산회를 통해 종족 성원들의 문중활동 참여가 활성화되면서 자연스레 진밭회전 정화 사업이 다시 논의되고 사업 계획이 구체화되었다. 종론을 일으키고, 사업 계획을 수립하고, 재정을 모금하고, 사업을 추진해 나가는 데는 종손을 비롯해서 문중 일에 관심이 많은 몇몇 종원들의 열성적인 노력이 큰 힘이 되었다.

진밭회전 정화 사업의 주요 내용은 비석을 다시 개갈改碣하고 봉분의 둘레석, 문인석과 무인석, 사자석, 장명등, 망두석 등의 석물을 설치하는 일이었다. 그중에서 비석과 둘레석을 준비하는 데 가장 많은 경비가 투입되었다.

진밭회전 정화 사업을 마무리한 후 2004년에는 길골 정화 사업도 완수하였다. 길골 정화 사업은 남경훈의 장자 남길의 배위와 차손자 남상소 내외, 그리고 증손자 남노명 내외의 묘소를 보수하고 비석과 상석을 개비하는 사업이었다. 이 사업에 소요된 경비는 길골소의 재정에서 상당 부분 부담하기는 하였지만, 석물과 고유제告由祭의 제수 및 기념품을 경주에 거주하는 한 종족원이 거의 전액 협찬하여 사업을 완수할 수 있었다.

1990년대 말에 진행된 이상 네 건의 묘역 정화 사업은 이미 살펴본 것처럼 재정의 대부분을 소수 종족 성원들의 협찬으로 충당하였다. 규모가 비교적 작았던 진밭회전의 상석 설치와 간화전 및 길골의 정화 사업은 한두 종족원의 특별 찬조에 크게 의존하였다. 문중의 기금이나 공유재산에서 출연한 재원은 극히 일부에 지나지 않는다. 재실이나 묘지를 보수하고 조상의 업적을 현창하는 사업을 종족 성원들의 협찬에 의존하는 것은 과거와는 달리 문중의 공유재산이 위축된 대부분의 종족집단에서 일반적으로 나타나는 현상으로, 종족원 전체를 포괄하는 공식적인 문중조직이 없고 각 문소門所의 위토를 제외하고는 별도의 문중재산을 마련해 두지 않은 난고문중도 크게 다르지 않다.

유업을 계승하기 위한
종가와 문중의 노력

5 장학 사업과 친목활동

한국의 종족집단은 공동 조상의 혈통을 계승한 혈연집단으로서의 성격뿐만 아니라 조상의 사회적 지위를 계승하는 신분집단으로서의 성격을 동시에 지니고 있기에 조상의 위세를 대외적으로 과시하는 일에 많은 관심을 가지고 숭조 사업을 적극적으로 추진해 왔다. 장례와 제례의 성대한 봉행, 분묘 치장, 재실이나 기념관 건축, 신도비 건립, 문집 발간, 타 문중의 숭조 사업에 대한 찬조 등등은 조상과 문중의 사회적 위세를 대외적으로 드러내기 위한 동기가 저변에 강하게 자리 잡고 있는 것이 사실이다.

그러나 최근에는 숭조 사업과 더불어 현존하는 종족 성원들 간의 결속을 다지기 위한 친목활동과, 후손들의 사회적 성장을 지원하기 위한 장학 사업이 점차 증가하는 경향을 보이고 있다. 과거지향적인 종족집단이 점차 현실지향적·미래지향적인 방향으로 변화하는 모습으로 볼 수 있지 않을까 한다.

원구마을 영양남씨 난고문중에서도 이러한 변화의 모습이 발견되고 있다. 난고문중의 대표적인 종족조직이라 할 수 있는 광산회는 애초의 설립 목적이 후손 육영을 위한 장학 사업에 있었다. 그래서 광산회는 설립 초기부터 내부에 장학위원회를 구성하고 기금을 모금해서 2011년 5월 현재 1억 5천만 원의 기금을 적립해 놓고 있다. 현재까지 매년 이 기금의 이자로 장학생을 선발하여 장학금을 지급해 오고 있다.

후손 육영을 위한 장학 사업에 이처럼 심혈을 기울이는 것은 종족집단 활동의 새로운 면모를 보여 주는 것이며, 문중서당이나 교육시설을 마련하여 자제 교육에 힘을 쏟았던 교육적 기능을 현대적으로 계승한 것으로 볼 수 있다.

장학 사업 다음으로 광산회가 중점적으로 추진하는 사업이 종족 성원들의 결속과 친목을 위한 총회 행사이다. 광산회의 총회는 매년 5월 첫째 일요일을 택해 난고종택에서 개최한다. 참석하는 종원의 수는 해마다 다소 차이가 있지만 대체로 100~150명 정도가 회집하여 오전에 장학금 전달, 각종 보고, 임원 개선改選, 토의사항 등을 내용으로 하는 총회를 개최하고 점심식사 후 2부 행사로 여흥을 즐긴다. 장학금을 제외한 경상운영비의 절반 이상이 총회 경비로 소요된다.

유업을 계승하기 위한
종가와 문중의 노력

6 종택 보존 및 조상 현창 사업

한국 종족집단은 8촌 이내의 당내집단에서는 대소사에 긴밀히 협동하고 일상생활 과정에서 빈번하게 왕래하면서 협동친화 관계가 돈독하게 나타나지만 당내집단을 벗어나면 조상제사나 사회적 위세를 과시하는 활동에 비해서 종족 성원들 간의 상호 부조나 생활상의 협동 기능이 매우 미약한 것으로 지적되고 있다. 문중의 공유재산으로 어려운 종족원을 도와주는 사례도 찾아보기가 어렵다. 그러나 종손이나 종가에 대해서는 이와 다른 모습을 보인다. 종손이 빈곤하면 문중에서 전답을 마련해 주기도 하고 종가가 퇴락하면 문중재산으로 종택을 수축하기도 한다. 일반 종족원의 길흉사에는 공금으로 부조를 하지 않으면서 종가의 길흉사에는 특별 부조를 하는 경우도 흔히 발견된다. 종손이나 종가는 종족집단의 얼굴이기 때문에 이들이 몹시 빈곤하거나 퇴락하면 문중의 사회적 위상이 훼손된다고 생각하기 때문이다.

그러나 원구마을 영양남씨 난고문중에서는 종가를 지원하는 보종활동이 별로 나타나지 않는다. 대표적인 종족조직이라 할 수 있는 광산회의 회칙 제5조 사업 조항에는 난고선조의 경모 사업과 난고종택의 수호·보존 사업을 주요한 사업으로 규정하고 있다. 그러나 후손 육영을 위한 장학 사업과 종족 성원들 간의 친목을 위한 총회 시의 연회 행사에 비하면 숭조보종 사업은 매우 저조한 모습을 보이고 있다. 물론 불천위 대제, 묘제, 조상 묘역 정화 사업 등에 회원들이 적극 참여하도록 독려하여 종족활동에서 광산회가 중추적인 역할을 담당하고 있지만 이러한 사업이나 행사에 참여하는 것은 어디까지나 개인 차원의 참여이기 때문에 광산회의 역할은 지원활동의 범위를 넘어서기가 어렵다. 광산회가 숭조보종 활동에 조직으로서 참여하는 것은 불천위 대제에 약간의 금전적 부조를 하거나 종가의 길흉사에 공식적으로 부조를 하는 정도에 그치고 있다. 광산회가 주요 사업으로 설정하고 있으면서도 숭조보종 사업에 눈에 띄는 실적이 나타나지 않는 것은 종가가 특히 빈한하지도 않고, 종택이 문화재(국가민속문화재 제271호)로 지정되어 있어서 종택 보존과 관련된 사업이 대개 정부의 재정 지원을 받아 이루어지기 때문인 것으로 보인다. 최근에 이루어진 종택의 해체·복원 사업과 종택 동쪽에 인접해 있는 난고정 복원 사업도 정부의 재정적 지원을 받아 이루어졌다.

7 문중재산

대개 문중에는 재산이 다소 있어서 문중의 공동 사업을 수행하는 밑받침이 되고 있다. 문중재산은 종족원들로부터 갹출하여 마련하는 경우도 있고, 부유한 종족원이 거액의 사유재산을 기부하여 마련하는 경우도 있다. 근래에는 도시개발에 따른 보상금으로 거액의 재산을 확보하기도 하고, 족보 발간 등의 사업을 통해서 문중재산을 형성하기도 한다.

문중재산은 사용 목적이나 범위에 따라서 특정 조상의 묘소를 관리하거나 제사(묘제)를 봉행하는 데 한정하여 사용하는 경우도 있고, 묘소 관리나 제사 봉행뿐만 아니라 문중이 수행하는 대내외의 모든 사업에 두루 사용하는 경우도 있다. 후자의 경우는 문중의 규모가 크고 문중재산이 많이 확보된 경우에 흔히 찾아볼 수 있다.

원구마을 난고문중의 문중재산은 각 소所를 중심으로 위토의 형태로 형성되어 있다. 각 소에 소속된 조상의 묘소를 관리하고 묘제를 봉행하기 위한 목적으로 마련해 둔 것이다. 각 소의 위토는 전답과 임야 등의 토지로 구성되어 있는데, 과거에는 전답이 중요한 재산이었으나 최근에는 임야에서 채취하는 송이버섯이 주요 소득원이 되어 임야가 중시되고 있다. 재산의 규모는 벌초와 묘제의 제수를 마련하는 데 부족하지 않을 정도로, 규모가 그렇게 크지는 않다. 각 소의 위토 이외에 문중의 공유재산은 별도로 마련하지 않았다.

조상제사를 위한 문중재산은 주요 조상들의 묘소 위치에 따라 세 개의 소로 나누어져 있다.

진밭소[泥田所]는 남경훈 내외와 부모, 조부모, 그리고 장손자 남상주의 묘소가 있고, 묘소 인근에 재실[泥田齋]이 자리 잡고 있는 곳이다. 진밭소의 위토는 일제강점기에 전답 70여 마지기를 보유하고 있었다고 하나 현재는 임야 20정보와 논 1,400평, 밭 700평이 마련되어 있다. 이 토지에서 나오는 소출로 재실과 묘소를 관리하고 8위의 묘제를 봉행한다. 위토는 타성이 경작하고 있다.

간화전소間花田所는 남경훈의 장자 남길의 묘소가 있는 곳이다. 남길의 묘소를 관리하고 묘제를 봉행하기 위해서 임야 10정보와 논 700평, 밭 650평이 마련되어 있다. 타성이 이 토지를 경작하고 묘소를 관리하며 묘제의 제수를 준비한다.

길골소[道洞所]는 남경훈의 장자 남길의 배위와 차손자 남상소 내외, 그리고 장증손 남노명 내외의 묘소가 있는 곳으로 임야 40정보와 논 1,400평, 밭 1,300평이 마련되어 있다. 세 곳의 소중 위토 규모가 가장 크고 소출도 가장 많다. 그래서 길골소에서는 묘소 관리와 묘제의 제수 준비뿐만 아니라 묘제 당일의 제관들 점심식사까지 담당하고 있다.

묘소 관리와 묘제 봉행을 위한 진밭소, 간화전소, 길골소 이외에 공동재산을 소유한 조직으로는 광산소, 동원계, 광산회, 송계 등이 있으나 이들이 소유한 재산은 광산회의 장학기금을 제외하면 그 규모가 별로 크지 않다.

광산서원의 건립 정신을 계승하고 서원에 배향되었던 남의록, 남경훈 부자를 기리기 위한 광산소는 약 1,000평의 밭과 3필지의 대지를 보유하고 있으며, 여기서 나오는 임대료로 총회 시의 경비를 충당하고 남경훈의 불천위 대제 경비 일부를 지원하고 있다. 동원계는 회원이 가입할 때 출자하는 출자금으로 기금을 조성하고 이를 계원들에게 대부한 후 그 이자를 받아 경비를 충당하였으나 계원이 증가하지 않고 그간의 행사 경비가 과도하게 지출되어 지금은 논 200평과 약간의 현금만 보유하고 있을 뿐이다.

송계는 약 10,000평 규모의 임야를 소유하고 있다.

재산 규모가 비교적 큰 광산회는 2011년 5월 현재 약 1억 5천만 원의 장학기금과 약 840만 원의 현금을 보유하고 있다.

이처럼 원구마을 영양남씨 종족집단은 입촌조 또는 중심 조상의 모든 후손을 총괄하는 문중조직이 뚜렷이 존재하지 않고 묘소 관리와 묘제 봉행을 위한 위토 이외에 별도의 문중재산을 소유하지 않은 특징이 있다.

이러한 특징은 원구마을 영양남씨 종족집단이 종가와 종손이 건재하며 종손과 문중 어른들을 중심으로 의견을 수렴하고 의사를 결정하는 전통적인 문중 운영 방식을 고수하고 있는 점과 깊이 관련된 것이 아닌가 한다.

제5장
불천위 대제

남경훈은 임진왜란에 참전하여 공을 세웠고, 부친을 대신하여 옥살이를 하다가 병을 얻어 부친보다 먼저 세상을 떠났으며, 벼슬길에 나아가지 않고 학문을 연마하여 많은 제자를 양성하였다. 이러한 남경훈의 충절과 효행과 학덕을 기려 1756년에 유림에서 공의하여 불천위로 모시게 하고, 1804년에 광산서원과 경덕사를 세워 장남 남길과 함께 배향하였다.

남경훈의 불천위 대제에 대해서는 국립문화재연구소에서 자세히 조사하여 보고한 「남경훈 불천위 제례」의 내용을 요약·정리하여 여기에 소개한다.

불천위 대제

1 제일과 제사 준비

남경훈의 불천위 제사는 음력 11월 10일 새벽 1시경에 모시며, 배위 재령이씨의 제사는 음력 5월 28일 새벽에 모신다. 그러나 최근 후손들이 대거 마을을 떠나고 직장생활을 하는 후손들이 늘어나면서 평일 새벽 제사에 제관들이 참여하기가 어려운 사정들이 생기게 되었다. 이러한 문제점을 해소하기 위하여 문중에서는 여러 차례의 논의와 합의를 거쳐서 2018년부터는 초저녁에 제사를 모시기로 결정하였다. 새벽 제사를 초저녁 제사로 변경하는 것은 이미 우리 사회의 큰 흐름이 되고 있다. 일반 가정의 기제사는 물론이고 명문 종가의 불천위 제사까지도 초저녁에 모시는 사례가 크게 늘어나고 있는 실정이다. 중요한 전통 의례도 변화된 사회 환경에 적응해 가지 않을 수 없는 현실이 원구마을의 난고종가에도 예외가 아니었다.

남경훈 양위의 불천위 제례는 대묘에 모셔 둔 신주를 출주하여 만취헌에서 봉행한다. 불천위로 모시게 된 이후 260여 년간 한 해도 거르지 않았다. 종가에서 상을 당하더라도 불천위 제사는 거르지 않고 지차의 집으로 피접하여 봉행한다. 이때는 신주를 출주하지 않고 무축단헌無祝單獻으로 간략하게 봉행한다.

불천위 제례에만 적용하는 특별한 금기사항은 없다. 일반 기제사 때와 마찬가지로 고춧가루나 후추 등 자극성이 강한 양념을 사용하지 않으며, 비늘 없는 생선이나 복숭아는 올리지 않는다. 제수거리를 구입할 때 흥정을 하거나 값을 깎지 않는 것이 관행이다.

제사의 경비는 주로 종가에서 부담하는데 광산회와 광산소에서 매년 일정 금액을 보조하고, 제사에 참여하는 후손들이 제수와 일부 경비를 찬조한다. 전체 제사 경비는 대체로 100만 원 전후가 소요된다.

제사에 사용하는 제기는 선조 대부터 사용하던 유기를 그대로 사용한다. 일제 말기에는 많은 가문에서 그러했듯이 공출의 위험이 있어서 제기를 땅에 묻어 두었다가 제사 때만 꺼내 쓰고 다시 묻어 두었다고 한다. 일반 기제사에도 이 제기를 그대로 사용하다가 최근에는 관리가 어려워 일부를 다른 제기로 바꾸고 기존의 제기는 별도로 보관하고 있다.

불천위 제사를 모시는 제관들(2018)

제청에는 병풍을 치고, 그 앞에 교의交椅를 세우고, 그 위에 대묘로부터 출주한 신주를 안치한다. 교의 앞에는 제상으로 고족상高足床을 배설한다. 제상 앞에 향상香床을 두고 그 위에 향로와 향합을 올리며, 향상의 왼쪽에는 축판祝板을, 오른쪽에는 주가酒架를 놓는다. 향상의 앞에는 퇴주기退酒器와 모사기茅沙器를 놓는다. 관세위盥洗位(손을 씻기 위한 물그릇)는 따로 배설하지 않고 제사 참여 전에 모두 손을 씻고 의관을 정제한 후 참사한다.

복장은 도포에 유건이 보통이다. 종손은 도포에 갓을 쓰고 제사를 주재한다. 양복을 입고 제사에 참여하더라도 제재하지는 않는다.

제사에 참여하는 제관은 대략 40–50명이나 최근에는 점차 감소하는 추세에 있다. 과거에는 연비친척이나 유림에서 참사하는 경우가 더러 있었으나 현재는 외부 참사자는 거의 없고 대부분 문중 인사들이 참사한다.

제관들이 모이면 종손과 문장은 참여한 사람들의 면면을 살펴 집사자의 소임을 나눈다. 이를 집사분정執事分定이라 한다. 참여 제관이 많았던 과거에는 집사분정기를 작성하여 제청 벽에 게시하였으나 지금은 참사자가 많지 않기 때문에 따로 집사분정기를 작성하지 않고 구두로 집례執禮(창홀자唱笏者)와 독축讀祝, 좌·우집사左·右執事와 사준司尊(제주 담당자) 정도만 선정하고 있다. 집례와 축관은 매년 맡아 오던 집안 어른이 계속 맡고 있다.

불천위 대제

2 제물

제물은 메와 갱, 과일, 나물, 탕, 적을 기본으로 하고 자반, 포와 혜, 면과 편 등을 고루 갖춘다. 제물을 조리할 때는 고춧가루, 마늘, 생강, 후추 등 자극성이 강한 양념은 사용하지 않는다.

과일은 조율이시棗栗梨柿를 기본으로 하여 제철 과일을 쓰는데 일정한 품수를 정해 두지는 않고 대개 7-8가지를 올린다. 귀신을 내쫓는다는 속설이 있는 복숭아는 사용하지 않는다.

나물은 청채靑菜, 침채沈菜, 숙채熟菜 등 세 종류를 쓰며, 탕으로는 육탕肉湯, 어탕魚湯, 소탕蔬湯 등 3탕을 쓴다.

적은 육적肉炙, 계적鷄炙, 어적魚炙을 올리고, 자반은 대구나 조기를 사용하는데 비늘 없는 생선은 사용하지 않으며 문어는 빼

불천위 제사 진설(2018)

놓지 않는다. 음력 11월에 행하는 고위 제사에는 영덕 특산인 대게를 반드시 올린다. 포脯와 혜醯는 우포좌혜右脯左醯의 원칙에 따라 오른쪽(동쪽)에 포를 놓고 왼쪽(서쪽)에 식혜를 놓는다. 포는 대구포나 북어포를, 식혜는 따로 조리하지 않고 참기름에 비빈 밥을 소고기 탕국에 말아서 사용한다.

편䭏이 있으면 면麵이 따른다는 원칙에 따라 편과 면을 함께 쓰는데 편은 편틀 위에 본편(시루떡)과 부편, 잡과편, 전, 주악을 밑에서부터 차례로 높이 쌓는다.

과거에는 도적都炙에 사용하는 육류는 날고기를 사용했으나 종손의 선친 대부터 익힌 고기로 바꾸어 사용하고 있다.

제주祭酒는 청주를 사용하며 제주와 함께 현주玄酒도 반드시 올린다. 현주는 맑은 물[明水]로, 현주를 올리는 것은 선대로부터 전해 오는 전통이다. 아득한 옛날에는 술을 담글 줄 몰라서 맑은 물을 올렸는데, 술을 담가 제사에 사용한 이후에도 고례를 잊지 못하여 맑은 물을 제상에 올렸다고 한다. 현주병에 맑은 물을 담아 주가酒架에 올려놓으며, 현주를 따로 헌주하는 절차는 없다.

특별히 불천위 제사에만 사용하는 제수는 따로 없으나 기제사에 비해 제수가 좀 더 다양하고 풍성하다.

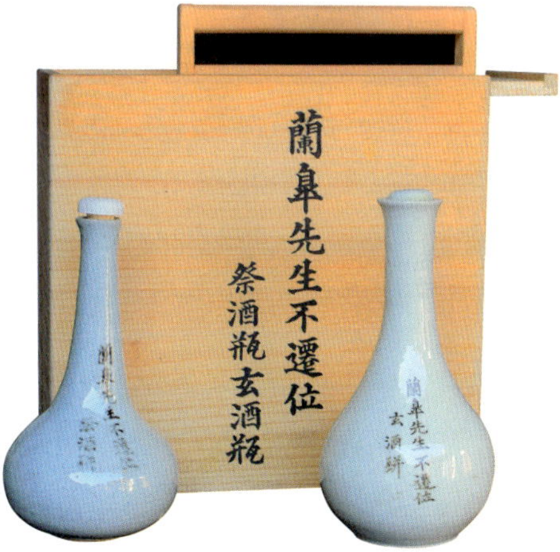

제주병과 현주병

불천위 대제

3 제의 절차

전통적인 주요 의식에는 대개 의례의 순서를 기록한 홀기笏記가 있어서 홀기에 따라 의례를 진행한다. 난고종가에서는 제사 참여자가 많지 않은 기제사에는 홀기를 사용하지 않지만 큰제사인 불천위 제사에서는 홀기를 읽고 그 순서에 따라 의례를 진행하고 있다. 홀기에는 '설소과'부터 제사를 마무리할 때까지의 과정이 자세하게 기록되어 있다. 일반적으로 홀기는 진설을 마친 후 사당에 가서 신주를 모셔 오는 출주出主에서부터 시작하는 경우가 많은데, 남경훈의 불천위 제례에서는 설소과를 하나의 의례 과정으로 독립시켜 진설하는 순서를 구체적으로 적시하고 있는 것이 특징이다.

1) 설소과設蔬果

홀기에 따르면 먼저 제상의 남쪽에 과일 접시를 올리고, 이어서 나물과 포, 혜를 올린다. 그러고 나서 교의의 신주 앞에 고위考位와 비위妣位의 잔반盞盤을 올리고, 제상의 북쪽에 간장과 시접匙楪을 놓는다. 마지막으로 제주와 현주를 한 병씩 주가에 올리면 설소과의 과정이 끝난다. 설소과는 식거나 마를 염려가 없는 음식을 미리 진설하는 절차이다.

2) 출주出主

일차 진설(설소과)이 끝나면 주인과 집사자는 신주를 모셔오기 위해 사당으로 나아간다. 주인과 집사자가 사당 안으로 들어가 분향하고 재배한 뒤 축관이 기일忌日에 맞추어 신주를 모셔 가겠다는 출주고유문出主告由文을 읽는다.

> 今以 顯○○代祖考 成均進士府君 遠諱之辰 敢請 神主出就廳事 恭伸追慕
> (지금 현○○대조고 성균진사 부군의 기일에 감히 청하옵건대 신주를 청사로 모셔 삼가 추모하는 마음을 펴고자 합니다.)

출주고유를 행한 뒤 출주집사가 신주를 모시고, 주인이 앞에서 길을 인도하여 제청으로 돌아와 교의에 신주를 봉안한다.

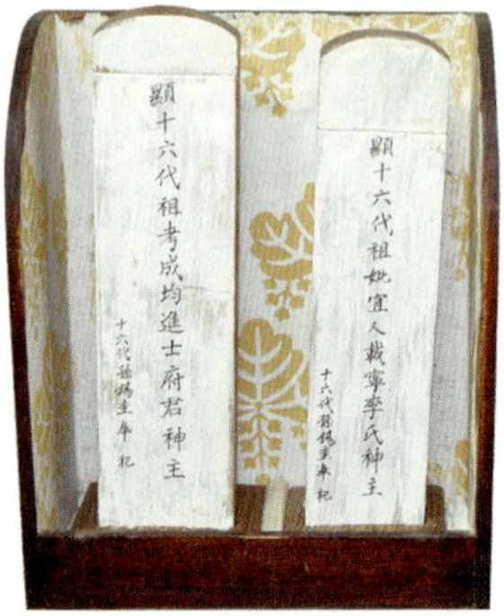

불천위 신주

불천위 신주는 대개 4대봉사가 끝나고 조매하였다가 나중에 불천위에 오르게 되면 다시 신주를 제주題主하여 모시는 경우가 많은데, 남경훈의 신주는 초상 장례 시에 제주한 신위를 오늘날까지 그대로 사용하고 있다. 남경훈을 불천위로 모시게 된 1756년 당시에는 4대 사손嗣孫(종손) 남국시南國蓍(1670-1727)가 사망한 이후지만 지손 중에 현손玄孫들이 여럿 생존하고 있어서 남경훈의 신주는 조매하지 않고 체천위별묘에 모시면서 지손이 제사를 봉행하다가 불천위가 되자 그 신주를 불천위대묘로 옮겨 모시게 된 것이다.

3) 참신례參神禮와 강신례降神禮

신주를 교의에 모신 뒤 주독主櫝(신주를 모셔 두는 궤)을 열고 주인 이하 참사자 전원이 참신 재배한다(참신례). 참신이 끝나면 주인이 향상 앞으로 나아가 분향하고 신주를 향해 재배한다. 주인이 분향하고 제자리로 돌아왔다가 다시 제상 앞으로 나아가면 좌집사는 잔반을 받들고 우집사는 술병을 받들어 주인의 좌우에 선다. 주인이 신위 앞에 나아가 꿇어앉으면 좌집사는 잔을 주고 우집사는 여기에 술을 따른다. 주인은 이것을 받아 모사기에 부은 후 빈 잔을 좌집사에게 주면 좌집사는 잔반을 받아 교의의 신주 앞에 올려놓는다. 주인은 일어나 두 번 절한다(강신례).

4) 진찬進饌

강신례가 끝나면 이어서 더운 음식을 올린다. 헌적獻炙에 사용할 삼적(육적, 계적, 어적)을 제외하고 메와 갱, 편과 면, 탕, 생선과 고기 등 모든 제수를 올린다(진찬). 진찬은 먼저 어육을 잔반의 남쪽에 올리고, 이어서 면을 어육의 서쪽에, 편을 어육의 동쪽에 놓는다. 그 후에 메와 갱을 배설하면 진찬이 끝난다.

5) 초헌初獻과 독축讀祝

진찬에 이어 첫 잔을 올리는 초헌례를 다음과 같이 행한다. 우집사가 제주병을 들고 주인 곁에 서면 좌집사가 고위의 술잔을 내려 주인에게 준다. 우집사가 주인이 받든 술잔에 술을 따르면 주인이 좌집사에게 전하여 술잔을 고위 앞에 올린다. 비위의 잔도 같은 방법으로 올린다. 이어서 좌·우집사가 고위와 비위의 잔을 다시 내려 주인의 양옆에 대기하면 주인은 그때 제상 앞에 꿇어앉는다. 주인이 꿇어앉으면 좌·우집사도 꿇어앉아 먼저 좌집사가 고위의 잔을 주인에게 준다. 주인은 이 잔을 받아서 세 번에 나누어 조금씩 모사기에 붓고 좌집사에게 돌려준다. 우집사의 잔도 같은 방법으로 돌려준다. 좌·우집사는 그 잔을 받아서 다시 신주 앞에 올린다.

이어서 육적을 헌적한 뒤 축관이 제상 앞으로 나아가, 기일을 맞이하여 조상께 음식을 마련하여 받드니 흠향하시라는 내용의 축문을 읽는다.

維歲次某年某月某朔某日某干支 孝◯◯代孫 ◯◯ 敢昭告于
顯◯◯代祖考 成均進士府君 歲序遷易 諱日復臨 追遠感時 不勝永慕
謹以淸酌庶羞 恭伸奠獻
敬奉 顯◯◯代祖妣 宜人載寧李氏 配 尙
饗
(유세차 모년 모월 모삭 모일 간지에 ◯◯대손 ◯◯가 감히 현◯◯대 조고 성균진사 부군께 밝게 아룁니다. 해가 바뀌어 기일이 다시 돌아옴에 시간이 지날수록 감정이 북받쳐 사모하는 마음을 이길 수가 없습니다. 삼가 맑은 술과 여러 가지 음식으로 공경히 제사를 올리며, 현◯◯대 조비 의인 재령이씨도 공경히 받드오니 부디 흠향하시옵소서.)

흔히 기제사에는 제사 대상이 되는 조상 한 분만 봉축하는 경우가 많은데, 남경훈의 불천위 제례는 고위와 비위를 합설하여 모시기 때문에 고위의 제례에 비위도 함께 받든다는 내용(敬奉 顯○○代祖妣 宜人載寧李氏 配)이 포함되어 있다.

6) 아헌亞獻과 종헌終獻

초헌과 독축이 끝나면 아헌과 종헌을 올린다. 아헌과 종헌을 올리는 제의 절차는 초헌과 같다. 다만 독축이 생략될 뿐이다. 헌적으로 아헌에는 계적을, 종헌에는 어적을 올린다. 기제사의 경우에는 종부가 아헌을 담당하는 경우도 있지만 불천위 대제에서는 항고연장자行高年長者나 멀리서 온 참사자를 배려하여 이들 중에서 아헌관을 위촉한다. 문중 외부에서 참례한 인사가 있을 경우에는 종헌관으로 모시기도 하지만 그렇지 않으면 역시 항고연장자나 멀리서 온 참사자 중에서 종헌관을 위촉한다. 기제사에서 종부가 아헌을 할 때에 종부는 제사상 앞에 서지 않고 제청 문밖에서 헌작하고 배례를 한 후 유식을 위해 합문하면 제청에서 물러난다.

7) 유식侑食

종헌에 이어 유식을 진행한다. 유식은 신이 식사를 하시도록 자리를 피해 주는 의식이다. 식사 전에 술을 더 권하는 의미에서 첨작添酌을 한다. 종헌으로 올린 술잔에 술을 조금 더 첨가하는

불천위 제사 유식(2018)

방식이 일반적이지만 남경훈의 불천위 제례에서는 첨작용 술잔을 따로 준비하여 첨작하고 있다. 첨작을 마치면 집사자는 메그릇의 뚜껑을 열어 숟가락을 메에 꽂고 젓가락은 갱기에 걸쳐 놓는다. 그러면 주인은 신위를 향하여 두 번 절하고 물러나 제자리로 돌아간다. 신이 식사를 하는 동안 참사자들은 방문을 닫아 합문闔門하고 방 밖으로 물러나 부복하여 대기한다. 일정한 시간이 지나면 축관이 세 번 흠[三噫歆]하여 신이 식사를 마쳤음을 알린다.

8) 진다進茶

신이 식사를 마치면 차나 숭늉을 올리는데 이를 진다進茶라 한다. 갱기를 내린 후 다른 그릇에 맑은 물을 담아 올리고 숟가락으로 메를 세 번 떠서 여기에 만다. 갱기에 걸쳐 두었던 젓가락은 편틀로 옮긴다. 숭늉을 드실 동안 참사자들은 국궁하여 대기하고, 잠시 후 축관이 한 번 흠[一噫歆]하여 신호를 보내면 평신한다.

9) 사신례辭神禮

진다를 마치면 이어서 사신례를 행한다. 먼저 수저를 걷어 내리고 메그릇의 뚜껑을 닫아 식사가 완전히 끝났음을 알린다. 그러면 축관이 제상 앞으로 나아가 동쪽을 향해 서고 주인은 서쪽을 향해 마주 선다. 주인과 축관이 서로 마주 서서 읍하면서 제사를 무사히 마쳤다는 의미로 함께 '이성利成'이라고 한 번 아뢴다. 이어 참사자 전원이 신위를 향하여 재배한다. 신을 전송하는 마지막 인사이다. 축관이 축문을 태우고, 주독을 닫아 신주를 사당으로 모신 후 제상의 제수를 물리면 제례가 마무리된다.

10) 음복례飮福禮

제례를 마치더라도 참사자 일동은 평좌하지 않고 무릎을 꿇고 음복례가 진행되는 동안 대기한다. 먼저 3헌관과 축관, 집사자가 음복상을 받아 음복을 한다. 예전에는 3헌관과 축관, 집사자에게 각각 따로 독상을 내었으나 지금은 한 상에 겸상하여 복주와 편, 과일을 제공한다. 헌관을 비롯한 주요 제관들의 음복이 끝난 후에 참사자들이 평좌하여 음복을 한다.

불천위 대제 진설도

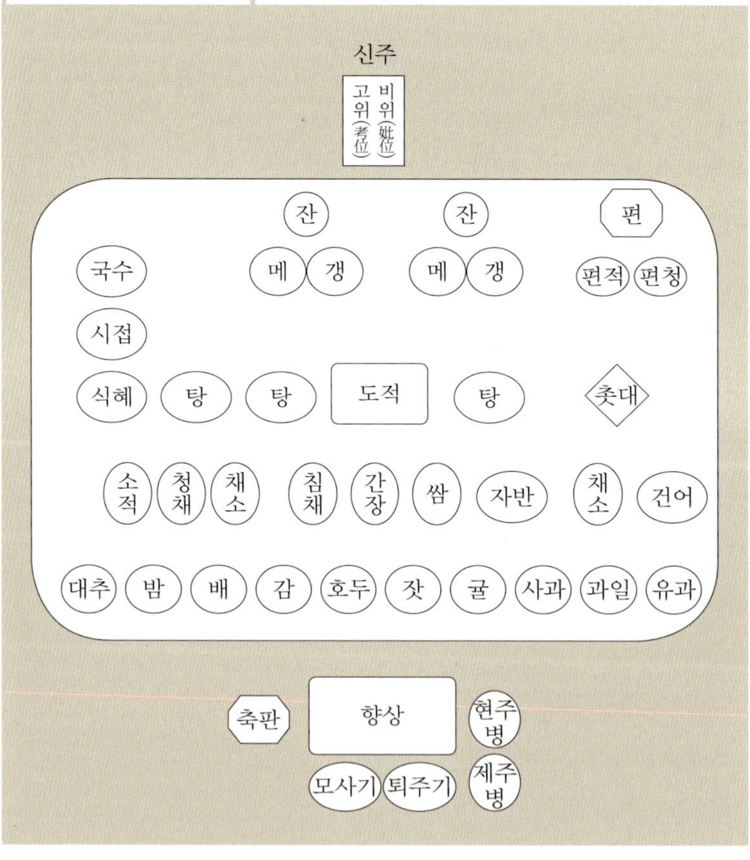

제6장

조상이 남긴 유적과 소장 유물

사람은 죽어서 이름을 남기고 호랑이는 죽어서 가죽을 남긴다고 하였지만 한 시대를 살고 간 인물의 흔적은 다양한 형태로 남는다. 이름 석 자만 남기는 이가 있는가 하면, 이름과 더불어 만인을 이롭게 한 공적이 후인들의 가슴을 뜨겁게 적셔 주기도 하고, 생전에 인연을 맺었던 유적이 그의 삶을 되새기게 하기도 한다. 그가 생각하고 실천하고자 했던 사유의 편린들은 글이 되어 후학들이 배우고 익히는 데 귀감이 된다. 손때가 묻은 하찮은 소품이라 하더라도 그 속에서 선조의 농익은 체취를 맛볼 수 있을 것이다. 범인들의 삶에서도 그러할 텐데 한 시대의 아픔을 온몸으로 감당해야 했던 인물들의 삶에서는 더 많고 더 큰 흔적들이 더욱 짙은 향취를 풍긴다.

수많은 전장을 누비며 생사의 고비를 넘나들고, 목숨을 바쳐 어버이를 섬기고, 꼿꼿한 선비의 기상으로 예학의 지평을 넓힌 난고 남경훈과, 선조의 덕업을 이어 온 후손들의 삶에서도 우리는 커다란 교훈과 많은 문화적 자산을 만나게 된다.

유학에 뿌리를 두고 가학을 가업으로 이어 가는 청전세가靑氈世家답게 난고종가에서 전승되어 온 문화재들은 웅장한 건축물보다 전적과 고문서가 많은 비중을 차지하고 있고, 선조들의 손때가 묻은 유품들도 다수 보존되어 있다. 근검하고 간소한 삶을 지향하면서 위기지학을 학문의 근본자세로 삼는 선비 집안의 가풍이 이러한 문화적 유산을 남기게 한 것으로 보인다. 밖으로 화려하게 펼치기보다 안으로 알차게 내실을 다지도록 당부한 난고

『원파의 난향, 언제나 고요하니』

의 유훈을 성실히 받들어 온 결과가 아닌가 한다.

난고종가가 소유한 대표적인 건축물로는 종택과 난고정을 들 수 있다. 종택은 1982년에 경상북도민속자료 제29호로 지정되었다가 조선 중기 사대부가의 건축 양식을 잘 보여 준다는 문화적 가치를 인정받아 2012년에 국가민속문화재 제271호로 승격 지정되었다. 난고종가가 소장하고 있는 고서와 고문서는 그 양이 엄청난데 2006년에 고서 433종 1,130책, 고문서 1,167점, 책판 213장, 기타 민속품 49점 등 총 2,770점을 한국국학진흥원에 일괄 기탁하였다. 이 중 고문서 12점과 국학진흥원에 기탁되지 않은 『남종통기南宗通記』 2책은 1982년에 경상북도유형문화재 제148호로 지정되었고, 『영산가학英山家學』 12책과 『가고家稿』 3책은 2016년에 경상북도문화재자료 제648호로 지정되었다. 한국국학진흥원에서는 난고종가의 문화재 기탁을 기념하여 2014년 12월 8일부터 2015년 3월 1일까지 특별 전시회를 개최하고 기념 도록 『원파의 난향, 언제나 고요하니』를 발행하였다.

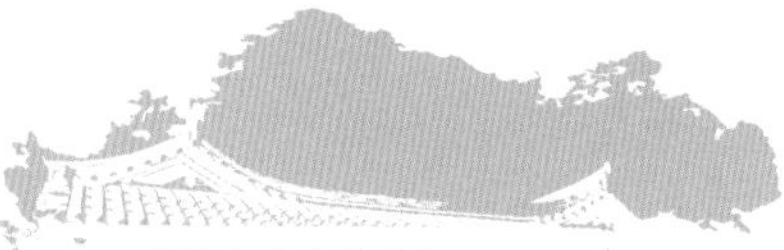

조상이 남긴 유적과
소장 유물

1 종택宗宅과 난고정蘭皐亭

영해에서 영양 방면으로 가는 918번 지방도로를 따라 2km쯤 가다 보면 도로변 좌측에 최근에 새로 단장한 난고정이란 정자가 의젓하게 자리 잡고 있고, 그 안쪽에 솟을대문을 갖춘 품격 있는 고택이 나타난다. 여기가 바로 임진왜란 때 영해의병장을 지낸 성균진사 난고蘭皐 남경훈南慶勳(1572-1612)의 후손이 400년 가까이 대를 이어 충忠·효孝·학學의 가통을 지켜 온 영양남씨 난고종택이다.

종택宗宅은 조상이 나고 자라고 생활해 온 물리적 공간으로서 조상의 숨결이 스며 있고, 전통적인 생활문화를 전승하고 보존해 온 중요한 장소이다. 그러므로 종가가 조상의 유업을 이어

받고 전통문화를 계승·발전시키기 위해서는 종손이 계속 거주하면서 종택을 유지·관리하는 일이 무엇보다 중요하다. 최근 도시화가 빠른 속도로 진행되면서 많은 종손들이 고향을 떠나 도시에서 생활하는 경우가 늘어남에 따라 주로 농촌 지역에 위치한 종택을 계속 보존하기가 매우 힘들게 되었다. 그래서 많은 종가가 고택을 비워 두거나 처분하는 사례가 늘고 있다. 목조건물은 사람이 거처하지 않으면 쉬이 망가지는 약점이 있다. 그래서 사람이 거주하지 않고 비워 둔 고택은 세월이 얼마 지나지 않아서 폐가와 같은 흉한 모습을 보이게 된다. 관리인을 두어 위탁관리를 하거나 타인이 거처한다고 하더라도 건물 관리는 어느 정도 가능할지 모르지만 조상의 얼과 전통적인 생활문화를 전승하는 문화적 공간으로서의 의미는 퇴색할 수밖에 없다. 유서 깊은 종가의 종택이 빈 공간으로 남아 공동화되거나 허물어지고 뜯겨지는 최근의 모습은 보는 이의 마음을 안타깝게 한다.

그런데 여기 원구마을의 영양남씨 난고종택은 400년 가까운 세월 동안 한 번도 자리를 옮기지 않고 의연하게 그 자리를 지키고 있다. 전통문화가 편의를 앞세운 도시문화에 의해 뒷전으로 밀려나고 수많은 종택이 허물어지는 오늘날의 세태에서 난고종택의 의연한 모습은 참으로 대견하고 자랑스럽지 않을 수 없다.

난고종택이 자리 잡은 이곳은 남경훈의 부친인 조산공朝散公 남의록南義錄이 처음 터를 잡은 것으로 전해지고 있다. 당시에 이 주위는 늪지대였는데 사토를 하여 땅을 돋우고 터를 닦았다고

난고종택 안채 전경

난고종택 안채 대청

한다. 종가에 전해 오는 말에 따르면, 이 집터는 하지何知라는 분이 늪을 메우고 여기에 집을 지으면 천 년 동안 자손이 번성한다고 하면서 터를 점지해 주었다고 한다. 그래서인지 난고종가에서는 400여 년간 적장자에 의해 안정적으로 가계가 이어져 왔고, 과거급제자와 학행이 뛰어난 선비가 많이 배출되었다.

현재의 종택 정침은 남경훈의 장남 안분당安分堂 남길南佶(1595–1564)이 성균진사를 사퇴하고 낙향하여 부친인 난고 선생을 추모하기 위해 1624년에 건립하였다. 건립 이후 지금까지 줄곧 한자리를 지키고 있을 뿐만 아니라 수많은 역사의 굴곡을 거치면서도 종손이 단 한 번도 집을 비운 적이 없다고 한다. 조상의 유업을 계승하고 가문의 전통을 보존하고자 하는 지극한 정성을 느낄 수 있다.

솟을대문을 들어서면 정면 좌측에 정침이 있고, 정침 오른쪽으로 만취헌晩翠軒이, 만취헌의 우측 뒤쪽에 불천위대묘不遷位大廟와 체천위별묘遞遷位別廟가 자리 잡고 있다. 가묘 오른쪽으로 담을 사이에 두고 난고정蘭皐亭이 대로에 접하여 있다.

정침은 정면 5칸, 측면 6칸의 정동향 ㅁ자 형으로 팔작지붕의 홑처마 집이다. 안채는 대청을 중심으로 좌우에 안방과 상방上房을 두었으며, 2칸 규모의 안방 뒤에는 안방에서 필요한 세간을 보관하는 수장처로 사용하는 도장방을 두었고, 도장방 우측에는 대청으로 돌출된 1칸 규모의 고방庫房이 있다. 고방은 다른 여느 집에서 찾아보기 어려운 이 집만의 독특한 구조이다. 상

만취헌

만취헌 현판

방의 전면에는 반 칸 규모의 마루를 두었는데 우측에 문을 달아 외부로 통할 수 있게 하였다. 이러한 구조는 영덕 지방에서 나타나는 특징 중 하나이다. 정침의 전면에는 중문의 우측으로 사랑방 1칸과 사랑마루 1칸을 두어 안사랑채 역할을 하도록 하였으며, 사랑방 뒤쪽에 1칸 규모의 중방中房을 두어 안채의 우익사와 연결되도록 하였다.

정침은 영해 지역의 계절풍을 고려하여 높지 않고 나지막하게 지어서 웅장하거나 호화스럽지 않지만 검소하고 절제하는 사대부의 생활상을 엿볼 수 있게 하며, 조선 중기의 건축양식을 잘 보여 준다. 정침은 최근에 국비 지원을 받아 대대적으로 보수하였는데, 2013년에 착공하여 2015년에 공사를 마무리하였다.

정침 오른쪽에는 만취헌晩翠軒이라는 현판이 걸린 대청이 자리 잡고 있다. 만취헌은 정면 3칸, 측면 2칸의 一자형 맞배지붕 건물로서 좌측에 1칸 규모의 온돌방을 앞뒤로 두고 우측에 대청을 배치하여 다수의 사람이 회집할 수 있도록 하였다.

만취헌은 문과에 급제하여 거창현감을 역임한 남경훈의 장증손(3대 종손) 남노명南老明(1642-1721)이 벼슬을 버리고 낙향하여 지은 건물이다. 남노명은 자신의 호 만취헌晩翠軒을 당호로 삼고, 온돌방 앞에는 '해안만은海岸晩隱'이란 현판을 따로 걸었다. 그 후 100여 년이 흘러 집이 낡아 볼품없어지자 남노명의 현손 남두양南斗陽(1747-1816)이 터를 확장하여 중수하였다고, 1796년에 조술도趙述道(1729-1803)가 쓴 「만취당중수기晩翠堂重修記」에 기록되어

불천위대묘와 체천위 별묘

불천위대묘 내부 감실

있다. 이 건물은 원래 학문 연구와 후진 양성을 위해 건립한 것인데, 지금은 조상 제사를 모시는 의례 공간이나 문중의 대소사를 의논하는 종무회의 장소로 사용한다.

만취헌의 오른쪽 뒤편에는 가묘家廟가 자리 잡고 있다. 난고종택의 가묘는 '불천위대묘不遷位大廟'와 '체천위별묘遞遷位別廟'의 두 동으로 구성되어 있다. 안쪽에 불천위대묘가 있고, 바깥쪽에 체천위별묘가 있다.

불천위대묘는 감실이 다섯 칸인데 제일 왼쪽 감실에 불천위 남경훈 부처夫妻의 신주를 모시고, 오른쪽으로 이어서 고조부모, 증조부모, 조부모, 부모의 순으로 신주를 안치하였다. 소목지서昭穆之序에 따라 가장 윗대 조상의 위패를 중앙에 안치하고 서차에 따라 좌우로 배치하는 방식이 흔히 볼 수 있는 신위 안치 방식이지만 이 집안에서는 좌에서 우로 서차에 따라 일렬 배치를 한 것이 특징이다.

체천위별묘는 종손이 4대를 지나 대진代盡하여 더 이상 종가에서 제사를 모실 수 없는 경우 지손 중에 4대 이내의 자손이 생존해 있어 조상의 신주를 조매祧埋할 때까지 모시는 사당이다. 흔히 4대조상을 모신 가묘와 별도로 불천위를 모시기 위한 사당을 따로 건립할 때 '별묘' 혹은 '불천위별묘'라 하는데, 이 집안에서는 가묘에 불천위와 4대조상을 함께 모시고 체천위를 따로 모시기 때문에 체천위 사당을 별묘라 부르게 된 것이다.

『남종통기南宗通記』에 따르면 안분당 남길이 종택을 건립할 때

정침 건립에 앞서 연못을 메우고 가묘를 먼저 건립하였다고 한다. 그렇다면 가묘의 건립 연대는 정침을 건립한 1624년보다 몇 년 앞설 것으로 추정된다.

대묘는 정면 3칸, 측면 2칸의 맞배지붕이며, 둘레에 담을 쌓고 사주문四柱門을 두었다. 별묘는 대묘 앞에 정면 1칸, 측면 1칸의 맞배지붕으로 역시 외담을 쌓고 일강문一彊門을 두었다.

대문채는 오랜 세월이 흐르는 동안 허물어져 건물은 사라지고 좌우로 토담만 남아 있었는데, 2006년에 솟을대문과 5칸의 대문채를 새로 복원하고 '난고구택蘭皐舊宅'이란 현판을 달았다.

난고정은 종택 오른편의 가묘와 대로 사이에 동향으로 자리잡고 있다. 지수篪叟 정규양鄭葵陽이 찬한 행장에 따르면 남경훈은 "정원의 동쪽에 연못을 파서 연꽃을 심고 고기를 기르며, 그 연못가에 작은 집을 짓고 스스로를 '난고거사'라 일컬었다."라고 기록되어 있고, 또 척암拓庵 김도화金道和가 지은 「난고정기蘭皐亭記」에도 "원래 집 정원의 작은 연못가에 정자를 짓고 이름을 난고라 하였다."라고 기록된 것으로 보아 남경훈은 생전에 소규모 초옥을 지어서 한가한 시간을 소요하였던 것으로 보인다. 그러나 이 초정은 세월이 흘러 허물어졌고, 1804년에 광산서원과 경덕사를 건립하여 선조를 그리는 마음을 담아 제향하였으나 이마저 1868년에 서원훼철의 화를 입고 말았다. 「광산서원간수전답두수노비병록光山書院間數田畓斗數奴婢并錄」에 따르면 광산서원의 부속 건물은 묘우廟宇 3칸, 강당講堂 8칸, 재실齋室 8칸, 주사廚舍 10칸으로 구성되어 있었다고 한다.

선조의 유덕을 기리던 터전이 사라지자 허전하고 안타까운 마음을 금할 수 없었던 후손들은 오랜 기간 논의하고 준비한 끝에 옛 광산서원의 목재와 자재를 활용해서 종택의 북쪽에 정면 4칸, 측면 3칸에 전후좌우로 좁은 마루를 두른 누각 형태의 번듯한 정자, 난고정을 재건하였다. 이때가 서원이 훼철된 후 20년이 지난 1888년이었다. 당시 이 사업을 주관하였던 종손 남효원南孝源(1819–1878)은 「난고정중건상량문蘭皐亭重建上樑文」에서 다음과 같이 술회하고 있다.

> 옛날부터 거처하던 정자에 '난고蘭皐'라는 호를 걸었으니 … 세월이 오래 흘러 건물이 무너지고 기울어 버렸다. 이전에 부로父老들이 경영하려고 고심한 것이 이미 백 년이 지났고, 지금 일가 족친들이 다시 세우기로 함께 뜻을 모은 것도 20여 년에 이르렀다. 더욱이 조정의 명으로 서원이 철거된 이후로 후손들의 사모하는 마음이 더욱 간절해져서 가묘의 북쪽에 나아가 드디어 남향의 터를 정하였다.

1888년에 중건한 난고정은 오랜 세월이 흐르면서 건물이 낡아 곧 허물어질 지경이 되었다. 문화재 관리 당국과 협의하여 해체해서 복원하기로 하였는데, 이 과정에서 난고정의 좌향을 수정하는 계획이 추진되었다. 중건 당시 건물의 좌향은 원구들을 등지고 종택을 바라보는 정남향이었다. 그런데 이 좌향은 인물이 배출되기 어렵다는 풍수지리설의 말이 전해지고 있었다. 그래

난고정

난고정기(한국국학 진흥원 제공)

서 해체 복원하면서 위치를 약간 옮겨 좌향을 정동향으로 바꾸어 앉히고자 한 것이다. 난고정 해체 복원 사업은 2009년에 착공하여 2011년에 마무리되었다. 이 지역에서는 마을이나 주택이 동쪽 멀리 보이는 상대산(관어대)을 바라보고 자리 잡아야 인물이 많이 난다는 속설이 전해지고 있다. 상대산의 뾰족한 모습을 문필봉에 비정한 해석으로 보인다. 새로 자리 잡은 난고정은 관어대를 정면으로 바라보는 좌향은 아니지만, 정동에서 약간 좌측으로 비켜선 상대산을 문필봉으로 껴안고 있는 형국이다. 이 마을 대부분의 주택 안채가 동향을 하고 있는 것은 지형의 영향도 있겠지만 문필봉을 품에 안으려는 풍수지리설의 영향도 적지 않아 보인다.

난고종택은 1982년에 경상북도민속자료 제29호로 지정되었고, 2012년에는 국가민속문화재 제271호로 승격 지정되었다.

조상이 남긴 유적과
소장 유물

2 주요 고서

1) 『사례해의四禮解義』

성리학의 도입과 함께 『주자가례朱子家禮』가 조선에 전해졌으나 중국의 예법이 조선의 관습과 서로 다른 부분이 많았고, 세월이 흐름에 따라 변화된 부분 또한 적지 않아서 현실생활에 『가례』를 적용하는 데 혼란이 많았다. 이러한 혼란을 극복하기 위하여 많은 예학자들이 나름대로 다양한 견해를 제시하였으나 그 결과는 사람들로 하여금 더 큰 혼란에 빠지게 하였다. 이에 남경훈은 『주자가례』를 재해석하여 『사례해의四禮解義』 4권 2책을 저술하였다. 이 주석서는 『주자가례』에서 논쟁의 대상이 되는 요점을 뽑아 이에 대한 여러 선현들의 견해를 검토해서 주석을 붙이고, 그 같음과 다름을 판별해서 잘못된 곳을 고증하여 가례의 실행에 혼란을 겪는 많은 사람들이 예를 행할 때 참고하도록 하였다. 조선 중기와 후기에 많은 학자들이 사례四禮에 대한 논의와 재해석을 시도했는데, 남경훈의 『사례해의』는 예론의 전개 과정에서 볼 때 그 초기에 해당되는 작품으로 매우 중요한 위치를 점하고 있다.

2) 『남종통기南宗通記』

남경훈의 증손인 수약당守約堂 남제명南濟明이 1668년에 저술한 4권 2책의 필사본으로, 남씨 일가의 족보와 그 역사를 담은 『남씨세보』를 집대성한 기록이며 영락연간(1403-1424)의 호적도 수록하고 있다.

조선시대의 족보는 15세기에 몇몇 가문에서 발간하기 시작했는데 이때 간행된 족보는 조상의 휘자諱字와 최종 관직만 간단하게 소개하는 도보圖譜 형태였다. 체재를 제대로 갖춘 족보는 16세기에 들어와서 처음 간행된 것으로 보이며, 16세기와 17세기를 거치면서 족보 발간이 크게 증가하여 18세기에는 족보 발간이 붐을 이룬다. 처음 족보를 발간할 때는 조상들에 대한 자료가 충분치 못하여 각 가정에서 소장하고 있던 가첩家牒들을 수합하여 편찬하였는데, 세계世系를 정리하는 과정에서 자료들 사이에 편

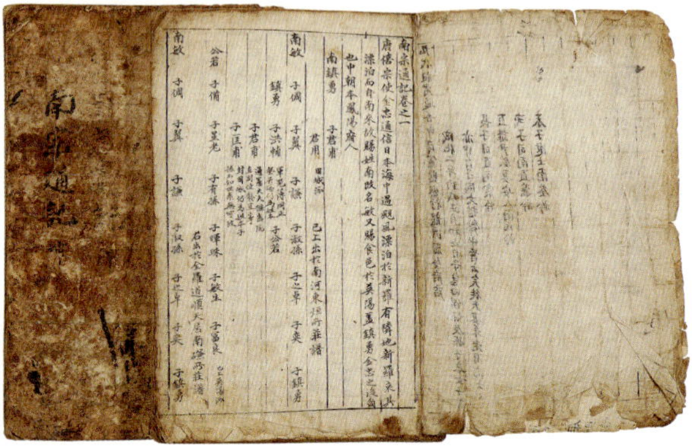

『남종통기』(영양남씨 난고문중, 한국국학진흥원 제공)

차가 심하여 조상의 세계를 정리하는 데 혼란이 많았다. 『남씨세보』에도 이러한 혼란이 여러 곳에서 발견되었던 것으로 보이며, 이를 바로잡기 위하여 남제명은 『남종통기南宗通記』에서 여러 자료를 고증하여 검토하고 있다. 여기에 남두원南斗元이 작성한 「신구보세계변의문新舊譜世系辨疑文」도 함께 수록하고 있다.

또한 이 책에는 남두원이 작성한 「보중취동성변문譜中娶同姓辨文」을 함께 수록하여, 동성 간의 혼인은 신라와 고려를 거치면서 왕족뿐만 아니라 일반 백성들까지도 널리 행하였던 오래된 풍속이므로 고대의 조상들이 동성취녀同姓娶女(동성혼인同姓婚姻)한 것은 허물할 것이 아니라는 점을 밝히고 있다. 이 글을 작성하였던 17세기 중엽에는 이미 동성동본 혼인이 바람직하지 않다는 인식이 확산되어 실제로 동성동본끼리 혼인하는 사례는 거의 사라졌지만 족보에는 고려시대와 조선 초기에 동성동본끼리 혼인한 기록이 그대로 남아 있었던 것으로 보인다.

『남종통기』에는 15세기 초 남씨문중의 호적도 등재되어 있어서 조선시대 가족제도 연구에 귀중한 자료가 될 수 있으며, 특히 이두문 기록이 남아 있어 이두문 연구에도 좋은 연구 자료가 된다.

『남종통기』는 난고종가 고문서 12점과 함께 1982년에 경상북도유형문화재 제148호로 지정되었다.

3) 『영산가학英山家學』

『영산가학』은 남경훈의 13대 종손인 수헌修軒 남병모南秉模(1880~1938)가 조산공 남의록부터 남양선南養善(1860~1889)에 이르기까지 약 350년에 걸친 종손들의 문집을 모아 1927년에 편찬한 22권 11책에 이르는 방대한 분량의 필사본이다. 원래는 22권 11책으로 편찬되었는데 수권首卷 1책이 후에 추가되어 12책이 되었다. 영산가학이란 제목은 남병모가 책을 편집하면서 붙인 이름이다. 영산英山은 영양의 옛 이름이다.

수권에는 중시조 남홍보南洪輔를 1세로 하여 28세까지의 영양남씨 세계도가 수록되어 있고, 중시조부터 12세 남광南廣에 이르기까지 조상들의 사적이 간략하게 소개되어 있다. 이어 1책부터 11책까지는 남의록과 남경훈을 비롯한 역대 종손들의 문집이 차례대로 수록되어 있다.

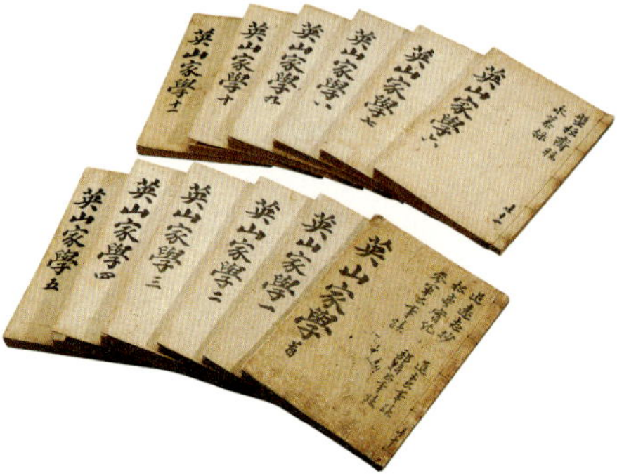

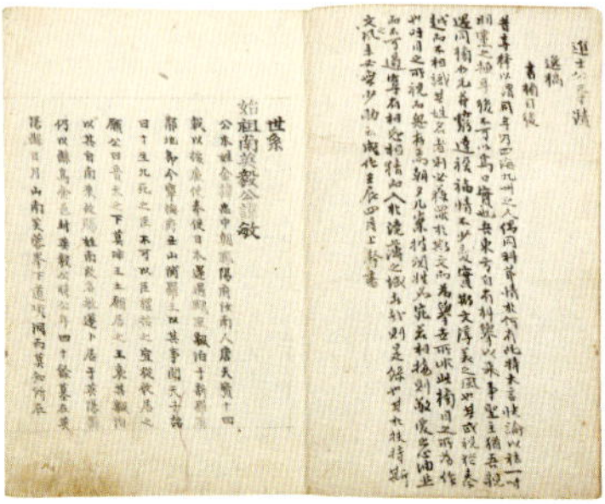

『영산가학』(영양남씨 난고문중, 한국국학진흥원 제공)

국역 『영산가학』

『영산가학』은 수권을 비롯하여 편찬자 남병모의 유고집 『가고 家稿』 3책과 함께 2016년에 경상북도문화재자료 제648호로 지정되었으며, 2017년에 한국국학진흥원에서 국역하여 원문과 함께 전 7권으로 간행하였다.

남경훈 이후 오늘에 이르기까지 16대를 내려오면서 한 대도 빠짐없이 적장자로 종통을 이어 왔다는 것은 어느 가문에서도 그 예를 찾아보기 어려운 매우 드문 일이거니와, 그 종손들이 한결같이 학문의 맥을 이어 가학의 전통을 계승하고 문집을 남겼다는 사실은 참으로 놀라운 일이다.

350여 년에 걸친 역대 종손들의 글과 유품을 고이 간직해 일목요연하게 정리하여 편찬할 수 있었던 것은 조상들의 가르침을 소중하게 생각하는 후손들의 정성과, 13대 종손 남병모의 남다른 노력이 있었기에 가능했던 일이다. 남병모는 『영산가학』 이외에도 남경훈 이하 7대에 걸쳐 대소과에 급제한 선조들의 유고를 정리한 『익양연방집』을 비롯하여 남의록 이후 13대에 이르는 선조들의 유묵집 『가선세묵家先世墨』, 난고종가 역대 종부들의 친정 세계도와 묘지명, 유사, 만사 등을 모은 『곤범세기』 등 조상의 많은 문적文籍을 수합·정리하여 편찬하였다.

4) 『익양연방집益陽聯芳集』

『익양연방집』은 남경훈으로부터 6대손에 이르기까지 대소과에 급제한 24명의 시문을 모아 편찬한 시문집이다. 남경훈의 11대손 남태진南泰鎭이 자료를 수집하여 13대 종손 남병모가 1907년에 3책의 목판본으로 편찬·간행하였다. 관직에 임해서는 청렴결백하고 집에 거처함에는 효와 근신을 몸소 실천하는 영양남씨 가문

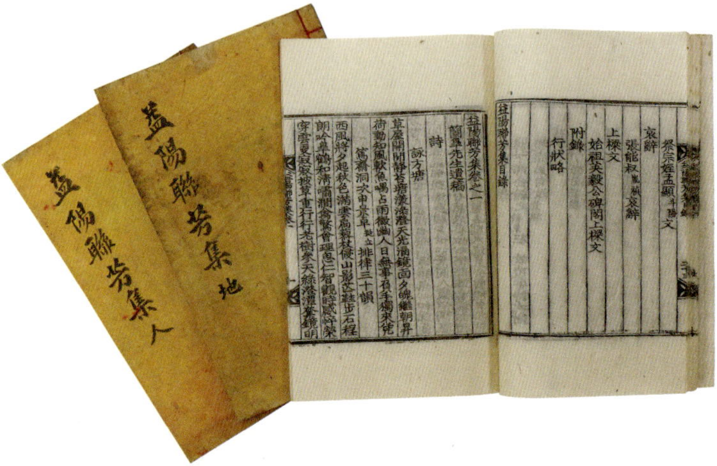

『익양연방집』(영양남씨 난고문중, 한국국학진흥원 제공)

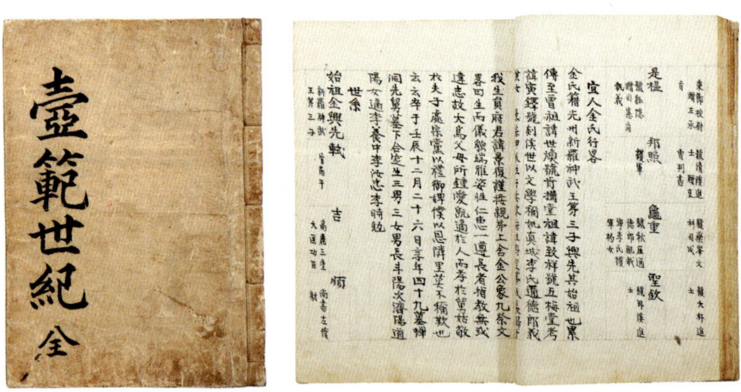

『곤범세기』(영양남씨 난고문중, 한국국학진흥원 제공)

의 학문적 전통과 가풍이 면면히 이어져 옴을 확인할 수 있다. 익양益陽은 영양의 옛 이름이며, 연방聯芳이란 벼슬한 사람을 일컫는 말이다.

5)『곤범세기壼範世紀』

'곤범壼範' 또는 '곤칙坤則'이란 원래 왕후가 지켜야 할 부도婦道를 가리키는 것으로, 조선시대 여성들의 교양에 필요한 고전의 대목을 기록한 교양서를 말한다.『곤범세기壼範世紀』는 수헌 남병모가 난고종가 역대 종부들의 친정 쪽 세계도와 묘지명, 유사, 만사 등을 모아서 1책으로 엮은 필사본이다. 종부들에 대한 집안 어른들의 애틋한 정과, 힘들지만 꿋꿋하게 살아온 종부들의 삶을 엿볼 수 있다.

6)『고사촬요攷事撮要』

『고사촬요』는 조선시대 사대교린事大交隣을 비롯하여 일상생활에 필수 불가결한 일반 상식 따위를 뽑아 엮은 것으로, 1554년 어숙권魚叔權이 처음 간행한 후 1771년까지 12차례에 걸쳐 내용과 체재를 바꿔 가면서 개간하였다. 난고종가에 소장된『고사촬요』는 1674년에 간행한 건곤乾坤 2책의 활자본이다. 이 책에는 188종의 서적 인쇄에 필요한 종이의 수량을 기재한「서책인지

수書冊印紙數」가 기록되어 있어 서지학적으로 중요한 연구 자료가 된다.

7) 『성화을유사마방목成化乙酉司馬榜目』

성화원년(1465) 생원입격자 100인과 진사입격자 100인의 명단을 수록한 1책의 필사본이다. 필사 연대는 확인할 수 없으나 입격자 명단과 함께 권말에 은문恩門(시관試官)으로 참여한 겸성균관사성兼成均館司成 송처관宋處寬 등 12명의 명단과, 하동부원군河東府院君 정인지鄭麟趾의 사연우정賜宴于庭이 실려 있다.

조상이 남긴 유적과 소장 유물

3 주요 고문서

한국국학진흥원에 기탁된 난고종가의 고문서는 1,167점에 이르는 방대한 양이다. 서간·통고류가 376점으로 가장 많고, 시문·기록류 174점, 소차疏箚·장계狀啓류 123점, 행장·제문류 112점, 명문·완문류 93점, 호적 72점, 교지와 녹권을 비롯한 교령류 55점 등 종류도 매우 다양하다. 여기에서는 경상북도유형문화재 제148호로 지정된 12점의 고문서 중에서 10점을 간략히 소개한다. 이들 문서는 잔존 고문서가 매우 귀한 시기인 임란왜란과 병자호란을 전후한 시기에 작성된 것으로, 당시의 사회상을 살필 수 있는 귀중한 자료이며, 임란 이전부터 난고문중이 영해 지역에 자리를 잡고 영남의 사족으로 활약하였음을 잘 보여 준다.

1) 1551년 소지所志

1551년 남광이 도망간 노비의 후소생 천적賤籍 정리와 관련하여 부사에게 입안을 요청한 문서이다. 임란 이전의 문서로 주목된다.

2) 1552년 소지所志

1552년 남광이 도망간 노비의 후소생 천적 정리와 관련하여 관찰사에게 입안을 요청한 문서이다. 임란 이전의 문서로 주목된다.

3) 1574년 토지매매문서

1574년에 박세신朴世信이 고종사촌의 아들인 남의록에게 전답을 매도한 토지매매문서이다. 임란 이전의 토지 매매 상황을 살필 수 있는 중요한 문서이다.

4) 1576년 토지매매문서

1576년 남의록이 노비인 신돌이申乭伊에게서 매득한 토지매매문서이다. 임란 이전의 문서이나 훼손이 심하다.

5) 1580년 토지매매문서

1580년 남의록이 매득한 토지매매문서이다. 훼손되어 전주田主를 알 수 없다.

6) 1593년 노비매매문서

1593년 남신록(남의록의 중형)이 문진종에게서 노비를 매득한 문서이다. 명문明文과 초사招辭와 입안立案이 연결된 점연문기粘連文記이다.

7) 1667년 토지매매문서

1667년에 남상주가 오이정吳以鼎에게서 매득한 토지매매문서이다.

8) 1666년 분재기

1666년 남길의 처 단양신씨丹陽申氏가 손자 5명에게 전답을 분급한 문서이다. 재주財主 단양신씨의 인장이 찍혀 있다.

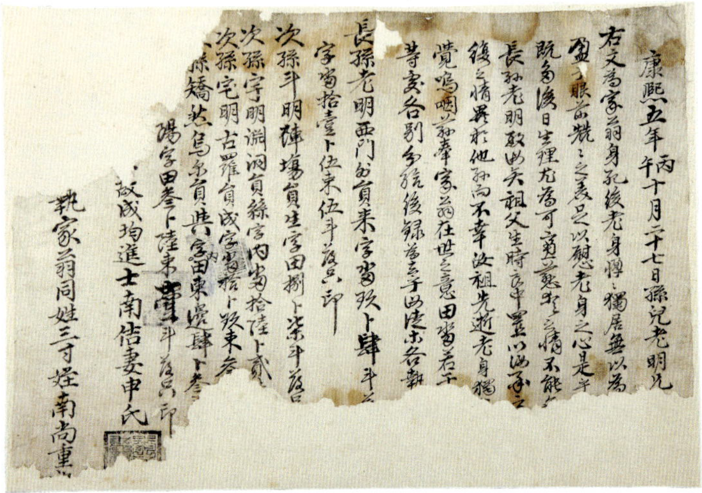

남길의 처 신씨의 분깃문기(영양남씨 난고문중, 한국국학진흥원 제공)

9) 1684년 분재기

1684년에 남상주가 장자 남노명에게 재산을 물려준 분급문기이다.

10) 1717년 남국시 준호적

1717년에 영해부에서 남국시에게 발급한 준호적이다.

조상이 남긴 유적과
소장 유물

4 책판과 기타 민속자료

1) 책판冊板

난고종가에서 한국국학진흥원에 기탁한 책판은 총 213장으로 그 내용은 다음과 같다.

『수약당선생문집守約堂先生文集』(남제명 문집) 73장. 1804년 판각.

『영와집寧窩集』(남효원 문집) 48장. 1912년 판각.

『익양연방집益陽聯芳集』 92장. 판각 연대 미상이나 1907년으로 추정.

2) 기타 민속자료

난고종가 소장의 민속자료로는 신씨인장申氏印章과 석초갑石草匣, 앵무배鸚鵡杯가 눈길을 끈다.

신씨인장은 남경훈의 장자 안분당 남길의 처 단양신씨가 재산을 관리하며 사용했던 도장이다. 조선시대에는 개인이 도장을 사용하는 일이 거의 없었다. 글을 쓸 줄 아는 남성들은 붓으로 수결手決하였고, 여성이나 글을 모르는 자는 손가락을 그리는 수촌手寸이나 손 전체를 그리는 수장手掌을 사용하였다. 양반 여성들은 손에 먹물을 묻혀서 찍는 도서圖書의 방법을 많이 사용하였다. 단양신씨 부인이 인장을 사용한 것은 매우 이례적인 일로서 주목된다. 이 인장은 신씨 부인이 손자 5명에게 전답을 분급하는 분재문기에 실제로 사용한 바 있다.

석초갑은 영와 남효원이 사용하던 것이다. 1881년 만인소의 소두疏頭였던 이만손李晩孫(1811–1891)이 신지도로 귀양 갔다가 돌아올 때 사위의 조부인 남효원에게 선물한 것으로, 전라도 신지도의 특산물인 해중석海中石으로 만든 것이다.

앵무배는 난고문중에 전해 내려오는 앵무조개로 만든 술잔이다. 거창현감을 지낸 남노명이 사용하던 것이다.

이 외에도 난고종가에는 어사화, 호패, 옛날 장기판과 장기알, 제기, 옥잔, 경서통 등 다양한 민속품이 소장되어 있는데 이 중 49점이 한국국학진흥원에 기탁되었다.

남길의 처 신씨의 인장(영양남씨 난고문중, 한국국학진흥원 제공)

석초갑(영양남씨 난고문중, 한국국학진흥원 제공)

앵무배(영양남씨 난고문중, 한국국학진흥원 제공)

옥잔(영양남씨 난고문중, 한국국학진흥원 제공)

제 7 장

종손과 종부들의 종가 경영

1 종가와 종손의 역할

고려 말에 도입된 성리학이 조선 초기를 거치면서 서서히 보급되어 17세기에 이르면 정치와 사회를 이끌어 가는 시대정신으로 확고하게 뿌리를 내린다. 이와 더불어 성리학과 함께 전래된 종법사상도 널리 보급되어 사회생활의 중요한 규범적 틀로 자리를 잡게 된다. 조상을 숭배하는 의식이 강화되어 4대봉사가 보편화되고, 여러 명의 자녀들이 윤행하던 조상 제사를 장남이 전담하게 되며, 아들 딸 구별 없이 균분하던 재산상속제도도 장남우대 차등상속으로 바뀌게 된다. 처가에서 오래 생활하던 서류부가 기간이 대폭 단축되어 친가 주변에 분가하여 정착함으로써 집성촌이 늘어나게 되고, 부계·남계 자손들이 집성촌을 중심으로 결합하여 부계혈연집단이 견고한 조직을 형성하여 문중이 발달하게 된다. 문중은 특정 조상의 남계 자손으로 구성되는 혈연집단이면서 자신의 사회적 지위를 뒷받침하는 신분집단의 성격을 갖는다. 그래서 자손들을 수합하여 계보를 분명히 하고 훌륭한 조상을 드러내서 자기 가문의 사회적 위상을 과시하기 위하여 족보를 간행한다. 이러한 문중 조직의 중심에 종가와 종손이 있다.

종가는 그 가문의 제일 윗대 조상의 가계를 맏이로만 이어 온 집을 말한다. 종가의 생활 터전이 되는 주택을 종택이라 하고, 그 가계를 계승한 종가의 가장을 종손이라 한다.

종가와 종택은 훌륭한 조상의 가계를 면면히 이어 온 집으로서 조상의 영혼이 깃들어 있고, 조상의 유품이 보존되어 있으며, 조상을 제사 지내는 신성한 의례의 공간이다. 조상의 가르침을 이어받아서 이러한 임무를 현실생활 속에서 실천하는 행위 당사자가 종손이다. 그러므로 종가와 종택, 종손은 조상을 대리하고 문중을 대표하는 문중의 얼굴이 되어 문중 성원들로부터 특별히 우대되고 '존숭尊崇'된다. 우대되고 존숭되는 만큼 그에 따른 부담과 책무 또한 결코 가볍지 않다. 조상의 명성에 누가 되지 않도록 매사에 조심하고 근신하여야 하며, 일상생활에서 법도에 한 치도 어긋남이 없도록 조상의 유훈을 성실하게 실천하여야 한다. 조상의 제사를 각근히 받들어 모시고, 조상의 영혼이 깃들어 있는 종택이나 조상이 남긴 유품을 소중하게 관리하고 보존하는 일도 종가와 종손의 중요한 임무이다. 족친과 이웃의 길흉사나 지역사회의 각종 의례 행사에 조상을 대리하고 문중을 대표해서 빠짐없이 참여하는 일도 종손의 중요한 책무이다. 이러한 일들은 한 사람이 감당하기에는 매우 벅찬 과업인데 명문 종가의 종손들에게는 그 업무가 더욱 가중된다.

봉제사는 조상의 제사를 받드는 일이다. 17·18세기 이후 윤회봉사가 사라지고 장남이 제사를 전담하면서 장남의 제사 부담이 그만큼 가중되었다. 재산을 장남에게 더 많이 물려주게 된 주요 원인이 여기에 있다. 장남 중에서도 누대의 조상 제사를 봉행해야 하는 종손의 경우에는 4대의 내외 기제사를 다 모셔야 하고, 거기에다가 불천위를 모시게 되면 규모가 큰 불천위 내외분의 제사가 추가된다. 4대봉사는 내외 여덟 분의 제사가 기본이지만 사망률이 높았던 시대에는 배위가 한두 분 더 계시는 경우가 적지 않아 제사 횟수가 늘어나기도 한다. 난고종가에서는 4대 아홉 분에 불천위 내외분을 더해서 연중 11회의 기제사를 모신다. 거의 매달 제사가 드는 셈이다.

기제사와 더불어 명절과 절기에 따라 모시는 차례茶禮도 있다. 지금은 대체로 설과 추석에만 차례를 모시지만 옛날 가례에 충실하고자 했던 집안에서는 설과 추석 이외에도 여러 번의 차례를 봉행했다. 옛 기록을 살펴보면 설, 한식, 단오, 유두, 추석, 중구 등 명절에 지내는 절제節祭가 있고, 춘분, 하지, 추분, 동지 등 계절의 중심에 지내는 계제季祭가 있다. 이 모두를 다 합친다면 차례만 10회에 이른다. 4대봉사를 하는 경우에 기제사와 차례를 합하면 연중 20회 정도 제사를 모셔야 하는 것이다. 물론 모든 가문이 이러한 차례를 다 봉행했던 것은 아니지만 해방 이후 근대에 이르기까지 집안에 따라서는 설과 추석 이외에 한식, 단오, 유두, 중구 중에서 한두 번의 차례를 더 모시는 집안이 적지 않았다. 난고종가에서는 의례를 간소하게 하라는 선조의 유훈이 있어서 오래전부터 설과 추석 이외의 차례는 생략하고 있다.

한편 기제사와 차례 외에 음력 10월에 행하는 묘제墓祭(묘사, 시제, 시사라고도 한다)가 있다. 묘제는 원칙적으로 4대의 봉사손이 대진代盡하여 신주를 조매祧埋하고 문중에서 봉행하는 의례지만 종가가 해야 할 일이 적지 않고, 특히 종손은 빠짐없이 참석해서 초헌을 해야 하는 중요한 의례이다. 다행스럽게도 난고문중의 조상들 묘소는 몇 개 지역에 몰려 있어서 그나마 묘제에 참석해야 하는 날짜가 많이 줄어 들었지만 그렇지 않고 조상들의 묘소가 산지사방으로 흩어져 있는 집안에서는 음력 시월 한 달 내내 묘제를 순행하는 경우도 적지 않다.

봉제사와 더불어 찾아오는 손님을 맞이하고 접대해야 하는 접빈객接賓客 또한 종손이 감당해야 할 중요한 임무이다. 종가를 찾아오는 문중 손님도 많지만 타 문중에서 찾아오는 손님 또한 적지 않다. 전통사회에서는 지나는 과객들이 하룻밤을 묵어가거나 풍류객들이 사랑방에 들어 여러 날을 머무는 경우도 흔했다. 지금은 과객이나 풍류객이 찾아드는 경우는 거의 없으나 전통문화에 대한 사회적 관심이 높아지면서 새로운 유형의 방문객이 엄청나게 늘고 있다. 전통문화를 연구·학습하고 문화재를 보존·관리하는 일에 종사하는 학자, 학생, 문화답사객을 비롯하여 여행 중에 잠시 들르는 관광객 등 수시로 찾아오는 내방객이 수도 없이 많다. 이들을 접견하고 접대하는 일에 소요되는 시간과 경제적 부담 또한 만만치 않다.

종손은 종택에 앉아서 찾아오는 손님만 접대하는 것이 아니라 외부에 출입할 일도 많다. 타 문중의 중요한 행사에 문중을 대표해서 참석해야 하고, 전통문화와 관련된 각종 행사에 초대받는 일도 적지 않다. 영종회嶺宗會(대구·경북 지역 명문 종가의 종손 모임)와 같은 종손들의 모임, 향교와 유림의 행사, 지방자치단체나 문화단체에서 주관하는 각종 행사가 끊이지 않는다. 특히 남의록, 남경훈 부자가 임란에 창의하고 의병으로 참전한 공훈이 있어서 이와 관련된 모임과 행사도 한두 번이 아니다. 이 모든 모임과 행사에 빠짐없이 참여한다는 것은 한 사람의 몸으로는 벅찬 일이다.

종손이 감당해야 하는 일 중에는 남의 눈에 잘 보이지 않는 일도 많다. 규모가 큰 종택을 관리하고 많은 유물을 갈무리하는 일은 남의 눈에 잘 드러나지는 않지만 종손이 항상 관심을 가지고 보살펴야 하는 중요한 임무이다. 다행스럽게도 종택이 문화재로 등록되고 중요 유물이 한국국학진흥원에 기탁되어 이 일은 부담이 크게 줄어들었지만 종택을 보수하고 기탁 유물을 관리하기 위해 관계 기관을 출입하고 협의하는 일은 여전히 종손의 임무로 남아 있다.

난고종가는 다른 종가에서 찾아보기 어려운 몇 가지 특징적인 모습을 찾아볼 수 있다. 남경훈 이후 16대를 이어오는 동안 단 한 차례의 예외도 없이 적장자로 가계를 계승하였다. 조선 초기에는 가계계승의식이 강하지 않아 적처에 아들이 없더라도 서자가 조상 제사를 물려받거나 외손이 제사를 모시는 경우가 많아서 1500년 이전에는 거의 양자가 보이지 않는다. 그러나 종법사상이 보급되고 부계혈연의식이 강화되면서 양자가 점차 늘어나 18세기 중엽 이후에는 적처에 아들이 없으면 동종지자同宗支子를 입양하여 가계를 계승하는 일이 보편화된다. 그러므로 누대에 걸쳐 양자를 들이지 않고 적장자로 가계를 계승하는 일은 흔하지 않다. 난고종가가 그만큼 자손이 번성하였음을 방증하는 것이다.

뿐만 아니라 약 400년 동안 종손이 잠시도 종택을 비운 일이 없다는 것도 놀라운 일이다. 분문조인 남의록이 터를 닦고 안분당 남길이 종택을 건립한 이후 종택은 그때 그 자리에서 그 모습을 그대로 유지하고 있고, 격동의 세월을 거치면서도 종손이 잠시도 종택을 비우지 않고 의연히 그 자리를 지켜 왔다. 6·25 전란 시에 종택이 인민군 야전병원으로 이용되기도 하였는데, 당시 종손이었던 남응시는 20대 후반의 젊은 나이임에도 수염을 길러 노인 행세를 하면서 종택을 지켰다고 한다.

1970년대 이후 문중의 운영방식이 종손과 문장 등 전통적인 인물 중심에서 종친회와 같은 조직 중심으로 전환하는 경향을 보이는데도 난고문중이 여전히 종손과 문장 중심의 전통적인 방식을 유지할 수 있었던 것도 적통으로만 가계를 계승하고 종손이 줄곧 종택을 지켜 왔기에 가능했던 것이 아닌가 한다.

또한 난고문중은 종가 8촌 이내의 당내에서 문과급제자 8명과 생원·진사 20명을 배출하여 학문을 숭상하는 선비 집안으로서의 위상을 뚜렷이 하였다. 남경훈은 물론 일제강점기까지 13대의 종손이 빠짐없이 문집을 남겼다는 사실도 커다란 자랑거리가 아닐 수 없다. 그중에는 불행하게도 단명하여 젊은 나이에 별세함으로써 많은 글을 남기지 못한 분도 몇 분 계시지만 대부분 많은 글을 남겨서 분문조 남의록과 남경훈을 비롯해서 남양선에 이르기까지 14분의 글을 모아 22권 11책에 이르는 방대한 분량의 『영산가학』을 1927년에 필사본으로 편찬하였다. 이후 영양남씨의 세계와 남의록 선대의 행적을 담은 수권을 추가하였는데, 여기에 『영산가학』 편찬자인 13대 종손 남병모의 유고집 『가고家稿』 3책을 더하여 국역해서 2017년에 총 7책의 전집으로 출판하였다.

이처럼 난고종가는 거경궁리居敬窮理하고 위기지학爲己之學하는 선비 집안의 가통을 꿋꿋하게 계승하고 그 정신을 온전하게 후세에 전하는 훌륭한 가문으로 거듭나고 있다.

종손과 종부들의
종가 경영

2 인고의 세월 속에서도 의연한 종부들의 삶

고려시대 여성들은 조선시대에 비하면 상대적으로 꽤 자유로운 삶을 살았던 것으로 알려져 있다. 그러나 조선시대에 들어와서 성리학이 국가 경영과 사회생활의 중심축을 이루면서 점차 여성들의 생활이 위축되고 그들의 사회적 지위가 남성들에 비해 현저하게 낮아지게 되었다. 일부종사一夫從事와 삼종지도三從之道가 강조되어 여성에게 정절을 요구하고 재가再嫁를 크게 통제하였으며, 부모와 남편과 자식에게 의존하는 삶을 살도록 강요하였다. 바깥 활동을 삼가하고 가정 내에서 가사활동에 전념하는 것을 바람직한 부덕으로 간주하였다. 이러한 폐쇄적이고 의존적인 삶은 서민들보다 양반 사대부 집안의 부녀자들에게 더욱 강하게 요구되었다. 특히 혼인 후의 시집살이는 정신적·육체적 고통을 가중시키고 많은 여성들의 가슴속에 깊은 한을 심어 주었다. 큰살림을 꾸려 가야 하는 종부들에게는 이러한 고통과 한이 더욱 크고 깊었을 것인데, 난고종가 종부들의 삶도 예외가 아니었을 것으로 짐작된다. 자식을 낳고 기르는 일도 수월한 일이 아니거늘 층층시하의 대가족을 먹이고 입히고 재우기까지 해야 하는 일상생활의 뒷수발이 여간 번거롭고 힘든 일이 아니었을 것이다. 4대봉사와 명절 차례에 불천위 대제까지 모셔야 하는 그 많은 제사의 음식을 장만해야 하고, 시도 때도 없이 찾아드는 손님들을 뒷바라지하는 일은 종부들의 손끝에 물 마를 날이 없도록 하였다.

그러나 이처럼 고달픈 종부의 삶 속에서도 난고종가 종부들은 그 지난한 세월을 참고 견디며 대범하고 의연하게 고결한 선비 집안의 문화를 창조하고 계승해 왔고, 그 기록이 『곤범세기』로 엮어져 후세에 전하고 있다. 이 중에서 몇몇 종부의 이야기를 여기에 적어 본다. 검소하고 소박한 삶을 살면서도 가학의 전통을 이어 가고자 하는 대범한 여장부의 풍모를 엿볼 수 있다.

1) 장남 남길의 처 단양신씨(1595~1674)

단양(영해)신씨는 첨정僉正 신효남申孝南의 딸로, 평소 성품이 어질고 알뜰해서 윗대로부터 물려받은 재산을 잘 관리하였다. 집안에서 전해지는 이야기로는 매우 대범하고 여장부의 풍모를 지녔다고 한다. 신씨부인은 동갑인 남편 남길과 혼인하여 예순이 되는 해에 남편을 여의고 20년 동안 남편을 대신하여 재산을 관리하면서 여성이 인장을 사용하지 않던 시절에 사각 인장을 새겨 재산 관리에 사용하였고, 손자들에게 재산을 분급하는 문서에도 재주財主로서 이 인장을 날인하였다.

어느 날 하인이 어느 집 담 너머에서 어떤 여인이 "남 진사댁에서 빌린 돈을 갚을 날이 다가오는데 갚을 길이 없으니 어찌할꼬." 하며 우는 소리를 들었다고 전하였다. 이 소리를 들은 부인이 "재물 때문에 사람을 울려서야 되겠는가." 하고서는 그 여인네를 불러 "이제 우리는 서로 줄 것도 받을 것도 없소."라고 하면서 그동안 돈 빌려준 문서를 모두 불살라 버렸다고 한다. 그러고는 자녀들을 불러 "지금까지 우리가 벌어 놓은 재산만도 상당하니 어느 누구도 재물에 욕심내지 말고 오직 학문에만 전념하거라. 또한 내가 물려주는 재산은 근검절약하여 더 이상 불리지도 줄이지도 말거라." 하고 당부하였다. 이후 이 집안에서는 재산을 300석 이상 늘리지 않는 것이 하나의 율법처럼 되었다. 욕심을 버리고 소박하게 살며 학문에만 정진한 난고의 생활철학을 맏며느리인 신씨부인이 고스란히 계승하고 후손에게 전수한 일화이다.

이 일화는 안분당의 행장에 안분당의 유사로 기록되어 있으나 집안에서는 신씨부인의 일화로 대대로 전해지고 있다.

2) 증손자 남노명의 처 선성이씨(1638-1692)

선성(예안)이씨 이형구李亨龜의 딸로, 대범한 성품을 가졌음을 암시하는 어린 시절의 일화가 전해진다. 어느 날 들에서 놀다가 늦은 시각에 집에 돌아가려고 하는데 난데없이 도깨비 무리가 나타나 부인을 에워싸고서는 "남거창 부인께서 돌아가신다."라고 소리치며 차례로 등에 업고 동네 어귀에 이르러 순식간에 사라져 버렸다는 것이다. 부인은 어린 나이였지만 조금도 놀라는 기색이 없었다고 한다. 훗날 부인은 거창현감을 지낸 남노명에게 시집을 왔는데 모두들 "종부는 하늘이 내려 준다고 했는데 부인의 운명도 미리 정해져 있었나 보다."라고 하였다고 전한다.

3) 5대손 남이만의 처 의성김씨(1694-1768)

통덕랑通德郎 김구중金龜重의 딸로, 다음과 같은 자라 방생의 일화가 전한다. 김씨부인이 가마를 타고 처음 시댁으로 가는 신행에서 겪은 일이다. 한 어부가 잡아 온 자라를 두고 사람들이 모여 흥정을 하고 있었다. 자라를 측은하게 여긴 부인이 다른 사람들보다 훨씬 많은 돈을 주고 자라를 사서 근처 강물에 놓아주었다. 세월이 흘러 부인이 두 명의 아들(경복景復, 경택景宅)을 두었는데 두 아들이 모두 과거에 급제하여 생원·진사가 되었고, 둘째 경택은 진사시에 장원급제를 하였다. 자라를 방생한 부인의 어진 마음씨와 선행에 하늘이 감복하여 이런 경사를 내려 주었다며 사람들의 칭찬이 끊이지 않았다.

4) 8대손 남유노의 처 대흥백씨(1778-1850)

남유노는 광주안씨와 혼인하였으나 부인이 자식 없이 일찍 사망하자 다시 대흥백씨를 맞이하여 아들 남기환(1797-1828)과 남고(1807-1879) 형제를 두었다. 백씨부인은 재산이 넉넉하였던 친정의 도움을 받아 가난한 시댁살림을 일으키는 데 애를 썼다. 시어른을 모시면서 집안 동서들과도 우애 있게 지내고 자녀 교육에도 힘을 아끼지 않았지만 애석하게도 과거 보러 갔던 큰아들 기환이 객지에서 갑작스럽게 병을 얻어 30세의 젊은 나이에 사망하였다. 시름에 잠겨 있던 어느 여름날, 둘째 아들 택환(남고의 초명)이 방에 누워 이마에 책을 덮고 졸고 있었다. 백씨부인은 그길로 방에 들어가 굶기 시작했다. 그 모습을 본 택환은 어머니 앞에 석고대죄를 올리고 학문에 전념하여 진사시에 합격하고 많은 저술을 남겼다. 남경훈의 후손 중 가장 많은 저술을 남긴 남고의 어머니가 바로 대흥백씨이다.

5) 11대손 남준행의 처 의성김씨(1838-1909)

의성김씨 부인은 동갑인 남준행(1838-1865)과 혼인하였으나 아들 양선이 여섯 살 되던 해에 남편을 여의고, 아들도 나이 서른에 세상을 떠났다. 남편과 아들을 일찍 여읜 김씨부인에게 유일한 희망은 열 살배기 손자 병모뿐이었다. 대소가에서 공부하는 자제들이 책이 많은 종갓집에 자꾸 책을 빌리러 오는데 부인은 절대 책을 빌려주지 않았다. 당신이 글을 모르기 때문에 누가 무슨 책을 언제 빌려 갔는지 기록할 수 없고, 자신이 죽으면 책을 모두 잃어버리게 된다는 것이다. 대대로 내려오는 가학이 끊어질까 두려워 집안의 모든 책을 방 한 칸에 몰아넣고 자물쇠를 채우면서 "우리 병모(손자)가 커서 누가 무슨 책을 가져갔는지 기록할 수 있을 때까지는 안 된다."라고 단호하게 거절하였다. 그러면서 손자에게 "네가 저 책을 다 읽어라. 그러면 나는 밥을 안 먹어도 배가 부를 것 같구나."라고 하면서 학업을 독려하였다고 전한다. 그 손자가 할머니의 보살핌 속에 학문에 진력하여 『영산가학』, 『익양연방지』, 『곤범세기』, 『가선세묵』 등 난고종가의 방대한 문헌을 수합해서 편찬하였다. 후손들은 "김씨 할매가 아니었으면 이 책들도 없었을 것이다."라고 하면서 김씨부인의 공덕을 칭송한다.

6) 13대 종손 남병모의 맏며느리 유사

'며느리 사랑은 시아버지'라는 말이 있다. 밖으로 드러내지는 않지만 며느리를 생각하고 아끼는 시아버지의 속 깊은 정을 표현한 말이다. 그러나 남녀가 유별하고, 세대 간의 분별이 엄격한 전통사회에서 시아버지가 며느리에 대한 애정을 드러내 놓기란 쉽지 않은 일이었다. 그럼에도 13대 종손 남병모는 맏며느리 여주이씨(1892–1928)가 서른일곱의 젊은 나이에 요절하자 애절한 마음을 담은 유사遺事를 써서 손자에게 물려주었다.

나의 맏며느리 이씨는 관향이 여주이니, 문원공 회재 이언적 선생의 후손이다. … 나이 열일곱에 나의 아들 영양인 남희태에게 시집와 … 나이 겨우 서른일곱에 세상을 떠났으니, 아! 애석하도다. 아! 원통하도다.

…

아! 며느리가 우리 가문에 들어온 지가 올해로 21년이 되었다. … 또한 그 완전하고 두터운 자질은 길이 장수하기에 충분하였고, 맑고 선한 덕은 많은 복을 누릴 수 있었는데 내가 너무 자애롭지 못하여 너를 다시 살리지 못하고 끝내 그 목숨을 가로막아 버렸구나. 내가 너에게 진실로 저버린 것이 너무 커 마음이 무너질 듯이 고통스럽고 한스럽고, 더욱 깊이 애석하구나. 눈물을 삼키며 애통한 마음을 토하는 나에게 너는 "사람의 목숨은 하늘에 달려 있는 것이니 비록 살고자 한들 어찌하겠습니까. 바라건대, 아버님의 마음에 너무 지나치게 슬퍼하지 마시옵소서."라고 하였다. 독서를 일삼는 군자도 임종할 때 이와 같이 하는 이가 드물 것인데, 규방의 아녀자로서 이와 같은 도리를 다하였으니 이름난 조상을 둔 가문의 법도를 전수하여 익혔기 때문이리라.

…

이에 병으로 신음하던 겨를에 눈물을 닦으며 초안을 잡고 하나의 기록으로 모아 완성해서 손자 응시에게 물려준다. 응시가 만약 조금이나마 깨닫고 이해할 수 있다면 그 어머니의 선행을 이 유사에서 만에 하나라도 증거로 삼을 수 있고, 또한 영원히 사라지지 않도록 할 것이다. 아! 애석하도다.

며느리에 대한 시아버지의 사랑과 젊은 며느리의 요절을 지켜

봐야 하는 시아버지의 애통한 마음이 절절하게 묻어난다.

이처럼 난고종가의 종부들은 하나같이 성품이 대범하고, 생활이 검소하며, 가풍에 대한 긍지와 가학 계승에 대한 의지가 매우 강렬하였던 것으로 보인다. 『곤범세기』는 바로 이러한 종부들의 삶의 기록이며, 그들의 헌신적인 노력과 희생에 대해 감사하고 경의를 표하는 문중 사람들의 헌사이다. 종부들의 삶을 소상하게 기록해서 후세에 남긴 것은 어느 문중에서도 찾아볼 수 없는 난고문중만의 고귀한 재산이다.

3 종부들의 손끝에서 우러난 음식문화

연중 십수 회에 걸친 누대의 조상 제사를 모시고 끊임없이 찾아드는 손님을 접대해야 하는 봉제사와 접빈객에는 음식이 빠질 수 없다. 간단한 다과상에서부터 제사를 위한 의례음식에 이르기까지 그 종류도 다양하다. 제철에 나는 재료를 가지고 즉시 조리할 수 있는 것도 있지만 철 따라 나는 재료를 미리 준비해 두었다가 필요한 때에 꺼내서 장만해야 하는 음식도 많다. 때를 놓치지 않고 재료를 준비하고 갈무리하는 일 또한 주부의 중요한 임무이다. 상당한 기간의 숙성이 필요한 발효 음식의 경우에는 수일에서 한두 달에 걸쳐 주부가 정성을 기울여야 한다. 어느 것 하나 주부의 손길이 미치지 않는 것이 없고, 그 솜씨는 시어머니에서 며느리에게로 대를 이어 전승된다. 그래서 역사가 깊은 명문 종가에서는 집집마다 고유한 맛과 향을 가진 음식문화가 발달하게 되는 것이다. 그런데 종부는 시집오기 전에 친정어머니로부터 상당 기간 주부가 갖추어야 할 마음가짐과 생활에 필요한 기능을 수련하기 때문에 음식 솜씨에는 알게 모르게 친정의 영향이 스며들게 마련이다. 그래서 특정 가문과 가문이 혼반을 이루어 상호 반복적으로 혼인관계가 맺어지면 음식문화에서 융합현상이 나타나기도 한다.

난고종가도 나름의 고유한 음식문화를 전승해 왔다. 최근 의례가 간소화되면서 음식이 많이 변화하였지만, 아직도 사라지지 않고 면면히 이어 오고 있는 몇 가지 특징적인 음식을 소개한다.

1) 손님 접대 다과상

다과상

손님이 방문했을 때 간단하게 차려 내놓는 다과상에는 홍삼정과, 송화다식, 검은깨다식, 곶감잣말이, 약과, 유과, 제철 과일이 빠짐없이 오른다. 송화다식을 만들기 위해서는 많은 양의 소나무 꽃가루를 채취해서 갈무리해야 하기에 소나무 꽃이 필 때 소나무 꽃가지를 꺾어 송화가루를 채취하는 일은 봄철의 중요한 일과이다.

2) 편주

찹쌀가루에 멥쌀가루를 약간 섞어서 찐 후 누룩과 엿기름가루를 버무려 따뜻한 아랫목에서 열흘 전후(여름에는 1주일, 겨울에는 2주일 정도) 발효시키면 된죽처럼 익는다. 이것을 '편주'라고 한다. 편주는 숟가락으로 떠서 먹기도 하고 물이나 술을 타서 마시기도 하는데 약간 달착지근한 맛이 간식으로 일품이다. 이와 비슷한 음식으로 다른 집안에서는 엿기름을 넣지 않고 찹쌀가루와 멥쌀가루를 반반으로 섞어서 '합주'를 담근다. 합주는 편주보다 단맛이 덜하고 오래 보관하지 못하는 단점이 있다. 난고종가에서는 누대 종손들이 술을 마시지 못하여 술 대신 편주를 담그게 되었다고 한다.

3) 집장

정구지(부추), 무청, 가지, 붉은 고추 등을 집장가루와 섞어서 따뜻한 아랫목에서 이틀 정도 발효시킨 음식이다. 옛날에는 두엄더미에 묻어서 보름 정도 발효시켰다고 한다. 종부 최윤영이 친정에서 익힌 솜씨이다.

4) 해떼기밥식해

쌀밥에 엿기름가루를 우린 물을 부어 삭힌 전통 음료를 식혜食醯라 하고, 생선을 토막 친 뒤 흰밥과 무, 천초, 귤껍질 등을 넣어 소금으로 간하여 삭힌 발효 음식을 식해食醢라 한다. 경상도 동해안 지방에서는 '가자미식해'가 널리 애용되고 있는데 이 집안에서는 바닷고기의 일종인 해떼기에 밥과 무, 생강, 마늘, 고춧가루를 섞어서 발효시킨 '해떼기밥식해'를 즐겨 만들어 먹었다. 해떼기밥식해는 생강, 마늘, 고춧가루가 들어가서 제사상에는 올리지 않는다. 제사상에는 참기름에 비빈 밥을 소고기 탕국에 말아서 간단하게 만든 식혜를 올린다.

5) 제사떡

제사에 사용하는 떡은 본편과 잔편으로 나눌 수 있다. 본편은 시루떡이고, 잔편은 부편, 잡과편, 주악, 깨꾸리 등 크기가 작은 떡을 말한다. 본편은 멥쌀가루에 찹쌀가루를 약간 섞어 시루에 켜켜이 안치고 켜가 분리되도록 사이사이에 고물을 넣어 찐 시루떡이다. 고물은 과거에는 껍질을 벗긴 흰팥고물을 사용했으나 최근에는 노란콩고물을 사용한다. 부편은 찹쌀과 멥쌀을 섞어 반죽하고 팥, 밤, 곶감 등을 꿀이나 설탕에 버무린 소를 넣어 쪄서 양대고물을 묻힌 탁구공 크기의 떡이다. 잡과편은 곶감, 대추, 밤 등 여러 과일과 석이버섯을 갈아서 쌀가루와 함께 버무려 찐 떡이다. 주악은 재료는 부편과 같으나 송편처럼 양 귀가 나게 작게 만들어 기름에 지진 떡이다. 모양으로 미루어 조각糙角이라고도 하는데 이 집에서는 '조악' 또는 '조약'이라 부른다. 깨꾸리는 재료는 부편과 같으나 소를 넣지 않고 볶은 깨를 묻힌 떡이다. 흰깨를 묻히면 흰깨꾸리, 검은깨를 묻히면 검은깨꾸리라 한다. 제사 때에는 편틀에 본편을 괴고, 그 위에 부편과 잡과편, 전, 주악, 깨꾸리 등을 쌓아서 제사상에 올린다.

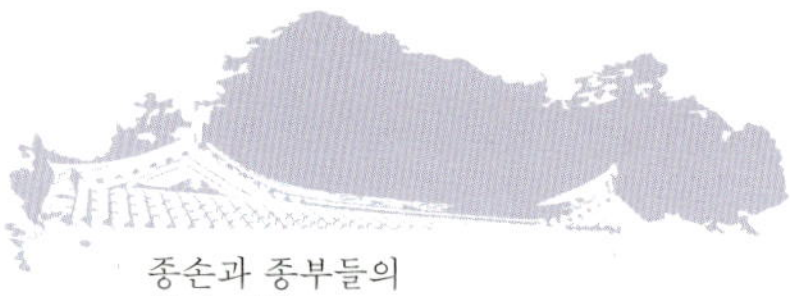

종손과 종부들의
종가 경영

4 21세기를 맞는 종손과 종부의 삶

1960년대 이후 우리 사회에 산업화와 도시화가 빠른 속도로 진행되어 많은 주민들이 농촌을 떠나 대거 도시로 이주하였다. 전통문화를 계승하며 종택을 지키던 종손들도 근대적인 교육을 받고 도시에서 직장을 다니면서 마을을 떠나는 사례가 늘어났다. 종택은 비어 있거나 아예 헐어서 없어지는 경우도 허다하다. 종택이 사라지면 그 속에 담겨 있던 전통적인 종가문화도 함께 사라질 위기를 맞게 된다. 아직까지 종택을 지키고 있는 종가들도 앞으로 종택을 어떻게 유지·관리하고, 전통문화를 어떻게 보존하고 계승할 것인지에 대해 뚜렷한 대책을 마련하지 못하고 있다. 이 시대의 많은 종가들이 공통적으로 안고 있는 고민이요 걱정거리이다.

다행히 난고종가는 1624년에 종택을 건립한 후 약 400년 동안 종손이 잠시도 종택을 비우지 않고 한자리를 지켜 왔고 지금도 16대 종손 남석규(1946-)가 종택을 지키고 있다. 남석규는 해방 이듬해인 1946년에 선대 종손 남응시(1926-2007)와 모친 일선 김씨의 장남으로 원구에서 태어났다. 어린 시절에는 마을 북쪽 미래들 건너 2km 거리에 있는 인량리의 외가에서 자랐다. 다섯 살 때 외가에 가서 거기서 유년기, 소년기, 청년기를 보냈다. 고등학교를 졸업할 때까지 외가에서 생활하다가 대구에 있는 대학교에 진학하였다. 대학을 졸업하고 2003년 정년퇴임할 때까지 대구에서 공직생활을 하였다.

남석규는 나이 서른이 되던 1975년에 경주 보문에 거주하는 족친의 중매로 경주 인근 이조마을에 거주하는 경주최씨 정무공貞武公 잠와潛窩 최진립崔震立(1568-1636)의 후손인 최윤영崔允瑛(1949-)과 혼인하였다. 종손 남석규와 종부 최윤영의 혼인은 경주 보문에 있는 영양남씨 족친의 주선으로 이루어진 전형적인 중매혼이었다. 보문에는 남경훈의 후손들이 많이 살고 있었다. 1975년 어느 날 경주에서 유림 행사가 개최되었는데 그 자리에 선친 남응시도 참석하였고, 경주 보문에 거주하는 영양남씨 족친과 이조마을 경주최씨 집안의 어른들도 참석하였다. 그중에는 나중에 장인이 될 분도 자리를 함께하고 있었다. 이 자리에서 우연히 자제들에 대한 이야기가 화제가 되어 보문에 거주하는 남씨 족친이 혼기가 꽉 찬 두 사람의 혼인을 중재하였고, 그 자리에서

종손 남석규

날을 받아 대구에 있는 예식장에서 결혼식을 올렸다.

결혼 당시 종손은 대구에서 공직생활을 하고 있었기 때문에 대구에서 신혼살림을 시작했다. 선친이 고향에서 종택을 지키고 계시는 동안 자주 들르기는 하였지만, 대구에서 줄곧 생활하다가 선친이 돌아가신 후에 귀향하여 지금은 종택에 상주하고 있다.

종손의 역할을 이어받은 남석규는 명문 종가의 종손들이 다 그렇듯이 일 년 365일이 모자랄 정도로 바쁘게 생활하고 있다. 흔히 종손의 가장 중요한 역할로 들고 있는 봉제사와 접빈객만으로도 매우 벅찬데, 이 두 가지 일 이외에도 실제 종손이 감당해야 할 일이 엄청나게 많다고 한다. 2,000여 평에 달하는 종택을 관리해야 하고, 대소가의 길흉사를 빠짐없이 챙겨야 한다. 지역사회의 여러 문화행사에 얼굴을 내비쳐야 하고, 다른 문중의 주요 행사에도 문중을 대표해서 참석해야 한다. 영종회를 비롯한 종손들의 모임, 한국국학진흥원이나 문화체육관광부에서 주관하는 문화행사, 임란공신 관련 행사와 모임 등 대외적인 활동도 적지 않다. 어느 가문의 종손이 "종손은 우대받는 자리가 아니라 하나의 직업이다."라고 했다는데 이 말이 참으로 실감이 난다고 한다.

종손은 어린 시절 외가에서 생활하였지만 본가와 가까운 거리에 있었기 때문에 학교를 오가는 중에 자주 들렀고, 부친과 한 이불을 덮고 자면서 많은 가르침을 받았다고 한다. 종손은 선친을 이렇게 회고한다.

> 선친은 내면적으로는 참 자상하셨는데 가르칠 때는 매우 엄격하셨어요. 특히 조상에 대한 관념이 지극해서 늘 조상을 잊으면 안 된다고 가르치셨죠. 또 지손支孫이 있어서 종가가 있는 것이니 지손들을 내 가족같이 대하고, 일가친척 간에는 설사 언짢은 일이 있더라도 유하게 대해야 한다는 점을 강조하셨어요. 6·25 전쟁 중에는 우리 집이 인민군 야전병원 역할을 했는데 그 난리 통에도 수염을 길러 노인 행세를 하면서 종택을 지켰으니 대단한 어른이시지요. 여러 곳의 조상 묘역을 모두 정화하고, 수도 없이 관청을 드나들며 종택과 유물을 문화재로 등록하고 종택 보수 사업을 마무리한 것은 조상에 대한 흠모의 정이 지극하였기 때문에 가능했던 것으로 봅니다.

종손 교육을 어떻게 받았느냐는 질문에 종손이라고 특별한 교육을 받는 것이 아니라 어른들 밑에서 보고 듣는 것이 모두 교육이라고 하였다.

종손 교육이라고 특별한 것은 없어요. 어른들 밑에 있으면서 보고 듣는 것이 전부 교육이지. 우리 외가도 4대봉사하는 큰집이라 외가에서 보고 들은 것들도 큰 도움이 되었지요. 할배는 내가 어릴 때 돌아가셨지만 할배 사랑을 많이 받았어요. 우리 아배가 혼인하고 8년 만에 나를 낳았어요. 그러니 얼마나 귀한 손자였겠소. 짧은 기간이었지만 할배로부터 받은 사랑이 내 마음 속에 큰 자리를 차지하고 있어요. 어릴 때 아배 밑에서 한문 교육을 좀 받았지만 계몽 편을 읽고 그만뒀지요. 배우기 싫기도 했지만 학교를 가야 했으니까요.

우리 아이들도 조부 영향을 많이 받았어요. 조부가 대구 오시면 한방에서 같이 자면서 손자 교육을 시켰지요. 손자에게 이런 말씀도 하셨어요. "얘야, 제사는 꼭 지내라. 4대를 다 지내지 않아도 되지만 조부까지는 꼭 지내라. 그리고 난고 할배 제사는 꼭 지내야 한다. 바빠서 떡을 못 하면 빵 놓고 지내더라도 날짜만 잊지 않고 지내면 된다." 참 개명한 선각자이시지요. 그리고 아버지 제삿날인데 아무것도 없어서 개울가에서 물 떠 놓고 제사 지내는 가난한 선비 이야기도 들려주셨어요. 이런 비유를 통해서 손자에게 조상을 생각하는 마음을 가르친 것이지요.

어느 종가를 막론하고 다음 세대가 종가를 어떻게 이어 갈 것인지가 걱정거리이다. 난고종가 또한 이러한 걱정에서 자유로울 수 없다. 그러나 종손은 자신이 어른들 하는 것 보고 배워서 종손의 역할을 담담하게 받아들이는 것과 마찬가지로, 다음 세대도 어른들을 보고 배우고 선조의 가르침에서 교훈을 얻어 자연스럽게 제 갈 길을 찾아가지 않겠느냐고 낙관하고 있다.

우리는 이렇게 살지만 "아들이 고향으로 돌아오려고 합니까?"라고 묻는 사람들이 많아요. 그러면 나는 "그거야 저희들 몫이지요." 그럽니다. 할배가 하는 것을 지가 봤고, 내가 하는 것을 지가 봤으니 지도 생각이 있겠지요. 아배가 2007년에 돌아가셨는데 7일장을 하고 이 방(만취헌)에 빈소를 차렸어요. 열 달 뒤 어매가 또 돌아가셔서 안채 중방에 빈소를 차렸지요. 안사람하고 둘이서 나는 이 방에서 상식 드리고, 안사람은 중방에서 상식 드리고, 삭망에는 여기서 같이 드리고. 그렇게 삼년상을 치렀어요. 요새 세월에는 맞지 않을지 모르지만, 아배도 일 년 만에 탈상하라는 말씀을 남겼지만, 내가 "잘하든 못하든 삼 년은 해 드릴게요." 하고 약속을 했거든요. 그런데 저들도 나이가 드니까 생각이 조금씩 달라지는가 봐요. 퇴직 후에 고향으로 돌아올 뜻을 비치니까 믿고 기다려 보는 거지요. 조부 교육이 있었으니까 기본은 되어 있다고 봅니다.

나는 우리 아들 둘이 군대 복무 중에 휴가를 와서 힘들다고 푸념을 하면 이런 얘기를 해 주었어요. "난고 할배는 임진왜란 때 스물한 살 외동아들이었는데, 판관 할배가 군량미 700석 바치며 외동아들 데리고 전쟁터에 나가서 나라 위해 목숨을 바치려고 했지 않았느냐. 너희들은 군대 가면 옷 입혀 주고 밥 먹여 주는데 왜 못 하노? 나라가 부르면 충실하게 임무를 수행해야지, 조금 힘들다고 그런 소리하면 절대 안 된다."라고 타일렀어요.

종손은 낯선 이들이 조상을 찾아오고, 일가들이 일부러 들러서 수고한다고 격려해 줄 때 긍지와 보람을 느낀다고 하였다. 아들딸들도 종가에 대한 애착과 긍지가 강해서, 앞으로 종손의 역할을 이어 갈 장남도 퇴직 후에는 고향으로 돌아오겠다고 한단다. 충과 효를 실천한 선조들의 가르침이 대를 이어 연면히 흐르고 있어서 다음 세대에 대한 걱정은 하지 않아도 될 듯하다.

종부 최윤영(1949-)은 경주 지역의 명문가인 이조마을의 경주최씨 집안에서 시집을 왔다. 정무공貞武公 잠와潛窩 최진립崔震立(1568-1636)의 후손이다. 최진립은 경기수사, 전라수사를 거쳐 공주영장으로 있을 때 병자호란을 맞아 용인에서 청군과 끝까지 싸우다 순절하였다. 사후 정무貞武의 시호를 받고 병조판서에 추증되었으며, 청백리에 녹선되었다. 최진립의 후예인 이조마을의 경주최씨는 양동의 경주손씨, 여강이씨와 더불어 경주 지역을 대표하는 3대 명문으로 꼽히는 가문이다.

종부는 친정 부모님과 시부모님에 대해서 다음과 같이 회고한다.

우리는 정무공 후손입니다. 아버지는 향중에 덕망도 있으시고, 인물도 좋으셨고 풍류도 즐기셨지요. 성품은 굉장히 완강하셨어요. 아버지께서는 "남자는 나라를 위해 목숨을 바치고, 여자는 가정을 위해 목숨을 바쳐야 한다."라고 늘 말씀하셨어요. 아버지께서는 시댁이 충효로 소문난 집안이고, 또 잘 아는 집안이어서 제가 이 댁으로 시집오는 것을 흡족해하셨어요. 어머니는 양동 여강이씨인데 사돈지도 많이 쓰실 만큼 글도 좋고 천생 여성이셨던 분이에요. 그런데 제가 종가로 시집가는 것을 별로 좋아하지 않으셨어요. 종부의 자리가 여간 힘든 자리가 아니라는 것을 잘 알고 계셨으니

까요. 그래도 그때는 아버지가 모든 것을 결정하던 시절이라 어쩔 수가 없었지요. 늘 안타까워하시다가 제가 맏아들을 낳고 나니까 "야야, 이 자식 보고 열심히 살아야 한다. 자식을 키우는 일이 천금만금 중한 일이다. 이 자식을 잘 지키는 것이 가정을 잘 지키는 것이다. 자식 잘 돌보고, 어른 공경하고, 몸조심해서 가정을 잘 가꾸거라."라고 당부하셨어요.

시어머님은 화가 나도 겉으로 표현을 잘 안 하셨어요. 모든 것을 참고 안으로 삭이시는 분이셨어요. 매우 엄하셨지요. 아버님은 참 자상하셨어요. 어머님께는 마음에 안 드는 일이 있어도 무조건 "예!" 하고 그랬는데, 아버님께는 웬만한 일이면 다 표현했어요. 그러면 아버님께서는 "그래, 야야." 하시면서 다독여 주셨지요. "며느리 사랑은 시아버지"라는 옛말이 틀리지 않은가 봐요. 요즘 생각하면 그때 왜 그랬던가, 마음에 걸려요. 손자들한테 사랑도 많이 베풀어 주셨지요.

종부는 스물일곱에 이 댁으로 시집을 왔다. 대구에서 공직생활을 하는 남편과 함께 줄곧 대구에서 생활하였다. 그러나 종가의 맏며느리로서 대소가의 길흉사와 종택에서 빈번하게 개최되는 문중행사도 챙겨야 하고, 설과 추석의 차례와 불천위 대제를 포함해서 일 년에 열 번도 더 되는 제사를 모셔야 하기 때문에 수시로 대구와 영해를 왕래하였다. 당시에는 도로 사정이 좋지 않아 대구에서 영해까지 가려면 털털거리는 비포장도로를 다섯 시간도 더 달려야 했다. 시어른 내외분께서 돌아가시고 남편도 퇴직을 하여 지금은 종택에 돌아와 상주하고 있다.

종부 최윤영

먼 길 왕래하며 많은 제사 받드는 것이 힘든 일이었지만 그건 당연한 일이고, 할 줄 모르는 일이 너무 많아 진짜 힘들었지요. 그러나 힘든 세월 무사히 살아온 게 대견하고, 어른들이 "종부, 집 지킨다고 수고했다, 애먹었다."라고 인사해 주고 칭찬해 줄 때 '내가 헛되게 살지는 않았구나.' 하고 보람을 느끼지요.

난고종가의 역대 종부들이 그러했듯이 현 종부 또한 대범하고 그릇이 크다는 것을 다시금 느끼게 된다. 명문가에서 부모님으로부터 부덕을 닮았고, 시댁의 조상들이 남긴 유훈이 연면히 이어지고 있으니 어쩌면 당연한 일인지도 모르겠다. 이러한 종부가 차세대에 대해서는 어떤 기대를 가지고 있을까.

저는 며느리들에게 종가라고 부담 가지지 말고 자연스레 받아들이라고 합니다. 한 해 두 해 지나면서 서서히 스며들게 하지 억지로 강요하고 싶지 않아요. 송편 만드는 것 보면 작년 다르고 올해 달라요. 그러니까 이 문화가 스며들도록 지켜보는 거지요. "어렵게 생각하지 마라. 너희는 너희들 세월대로 살면 된다."라고 하지 강요하지 않아요. 그것은 저희들 몫이니까요. 밖에 나가 살고 있는 아들이 일 년에 몇 번씩 와요. 집에 애착을 가지고 퇴직하면 집을 지키겠다고 하니까 마음이 놓여요. 조부한테서 사랑을 많이 받았고, 그때 받은 교육이 영향을 크게 주는 것 같아요. 아들이 이 집을 잘 지켜 주기를 바랄 뿐이지요.

충·효·학의 고결한 선비정신이 이 시대에도 원파 언덕에서 연년세세 이어지기를 기대한다.

참고문헌

南渾 편저, 『蘭皐 南慶薰 先生』, 영양남씨 난고종파, 2004.

백운용, 「남경훈 불천위 제례」, 국립문화재연구소, 2012.

영덕군, 『영덕군향토사』, 1992.

영덕군, 『영덕군지(하)』, 2002.

이창기, 「영해 원구리 영양남씨의 문중조직과 종족활동」, 『민족문화논총』 42, 영남대학교 민족문화연구소, 2009.

이창기, 『영해지역의 반촌과 어촌』, 경인문화사, 2015.

임진란정신문화선양회, 『대구지역의 임란사연구』(학술대회논문집), 2014. 10.

임진란정신문화선양회, 『영천지역의 임란사연구』(학술대회논문집), 2015. 2.

임진란정신문화선양회, 『경주지역의 임란사연구』(학술대회논문집), 2015. 11.

한국국학진흥원, 『원파의 난향, 언제나 고요하니』, 2014.

한국국학진흥원, 『시암고택』, 2017.

한국국학진흥원, 국역 『영산가학』 1–7, 2017.

지은이

이창기 李昌基

경북 김천에서 태어나 대구에서 중·고등학교를 마치고 고려대학교 사회학과를 졸업한 후 동 대학원에서 문학석사 학위를, 일본 고베대학에서 문학박사 학위를 받았다. 제주대학교를 거쳐 영남대학교에서 교수로 봉직하다가 정년퇴임하여 현재 영남대학교 명예교수로 있다. 가족사회학과 농촌사회학을 전공하여 주로 한국의 전통 가족제도와 문중조직, 농촌주민들의 마을 생활에 관심을 가지고 연구해 왔다.『제주도의 인구와 가족』,『영해지역의 반촌과 어촌』 등의 저서와 「양동의 사회생활」, 「한국동족집단의 구성원리」, 「대도시지역 부계혈연집단의 조직」, 「지역적 통혼권 연구의 비판적 검토」 등 다수의 논문을 발표하였다.

경북의 종가문화 50

원파에 깃든
충 · 효 · 학의 선비정신,

영덕 난고 남경훈 종가

찍은 날 2018년 11월 5일
펴낸 날 2018년 11월 12일

기획 경상북도 · 경북대학교 영남문화연구원
지은이 이창기
펴낸이 김상동
펴낸 곳 경북대학교출판부
출판등록 1973년 10월 10일 ㉣97호
주소 대구광역시 북구 대학로 80
전화 053-950-6741~3
팩스 053-953-4692
이메일 press@knu.ac.kr
홈페이지 http://knupress.com

ISBN 978-89-7180-502-2 94900
978-89-7180-498-8 (세트)

정가는 뒤표지에 있습니다. 파본은 바꾸어 드립니다.